KB168631

1%를 만드는

힘센

과학 개념

생물

일러두기

· 이 책에 실린 글들은 전 세계 11개국에서 동시 발행하는 어린이·청소년 과학 전문지
  〈욜라〉 1호, 4~8호, 10~13호, 16호, 18호의 기사 중 일부를 재가공한 것입니다.

· 각 장마다 연계한 교과 단원명은 2021년 교과과정을 기준으로 했습니다.

· 외국의 지명과 인명은 국립국어원의 외래어 표기법을 따랐습니다.

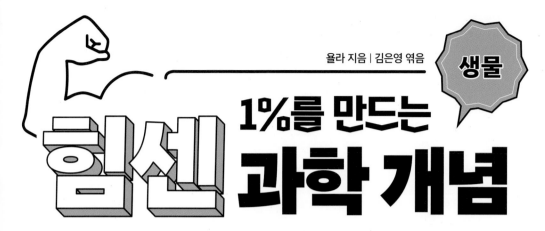

욜라 지음 | 김은영 엮음

생물

1%를 만드는
힘센 과학 개념

개념 복습과 심화로 똑똑하게 준비하는 중학 과학!

다른

차근차근 시작하는 과학 개념 정복

이 책을 읽고 있다면 아마 지금 초등학교 고학년이거나, 중학교 1학년일 거예요. 어쩌면 그보다 더 어리거나 나이가 많을 수도 있고요. 나이를 떠나 모두의 공통점은 이게 아닐까요? 바로 '과학을 잘하고 싶다'는 마음이요! 과학을 잘하고 있는데 더 잘하고 싶은 건 물론이고요.

초등학교를 졸업하고 중학교에 들어가면 갑자기 어렵게 느껴지는 과목이 몇 개 있어요. 그중의 하나가 바로 과학이지요. 사실 중학교 과학은 초등학교에서 배우던 것과 크게 다르지 않아요. 조금 더 세세하게 나뉘고, 조금 더 어려운 용어를 쓰고, 조금 더 넓은 범위를 다룰 뿐이랍니다. 완전히 다른 것을 배우는 게 아니라, 원래 알던 내용을 더 깊고 자세하게 배우는 거예요.

그런데 중학교 과학을 잘하기 위해서는 꼭 해야 할 일이 있어요. 바로 기초를 튼튼하게 다지는 일이지요. 아무리 높고 멋진 건물을 설계한들, 그 건물을 버석한 모래사막이나 질척한 늪 위에 지어 올린다면 완성하자마자 옆으로 툭 쓰러져 버릴 거예요. 과학도 마찬가지예요. 초등학교 시절에 잘 다져 놓은 기초 위에 중학교 과학을 차근차근 쌓아 올려야 내 머릿속 '건물'이 오래오래 제 모습을 유지하며 버틸 수 있답니다.

《1%를 만드는 힘센 과학 개념》은 과학을 공부할 때 꼭 필요한 기반을 다지는 동시에 건물을 더 쉽게 지을 수 있도록 돕는 책이에요. 전 세계 11개국의 청소년들이 함께 읽는 과학 전문지 〈욜라〉에 실린 기사 중 중학교 1학년 때 배우는 '생물의 다양성'과 관련된 총 21개의 기사를 엄선했지요. 세포의 성장부터 생물의 개념, 동식물의 놀라운 능력, 생물 다양성과 생태계, 기후변화와 환경 문제까지 질리지 않고 읽을 수 있게끔 다양한 주제로 풍성하게 채웠고요. 개념을 하나하나 붙잡아 옆에 딱 설명을 붙여 두었으니 이것만 알아도 과학은 금방 정복할 수 있답니다.

참, 책을 읽으면서 절대 하지 말아야 할 것이 있어요. 절대 개념을 억지로 외우려 하지 마세요. 갑자기 모든 개념을 다 이해하려 하지 말고, 지금 할 수 있는 만큼만 조금씩 익혀 가세요. 공부가 아닌 놀이처럼 즐기면 더욱 좋고요. 하루아침에 터를 만들고 건물을 올릴 수 없는 것처럼, 과학 공부 역시 하룻밤 벼락치기로 끝낼 수 있는 일이 아니에요. 그러니 느긋하게, 끈기를 가지고 도전해 보도록 해요. 그렇게 하루에 하나씩, 21일이 지나면 어느새 초등학교 과학의 기틀 위에 중학교 과학의 튼튼한 건물이 세워져 있을 거예요.

엮은이, 김은영

이 책의 활용법

개념이 보이는 주제
핵심 주제를 짧게 소개했어요.
하나의 주제로 개념을 연결해 가며 이해할 수 있어요.

교과서 심화 개념
중학교 교과과정에 더해 교과서 밖의 과학 지식을
개념으로 담았어요. 이것만 읽어도 이해의 폭이 금방 넓어져요.

✏️ 우리는 모두 세포 하나였어

사람은 수없이 많은 세포로 이루어져 있어요. 하지만 이 많은 세포은 단 하나의 세포에서 만들어진 거랍니다. 아빠의 정자와 엄마의 난자가 만나 이루어진 수정란은 세포 하나짜리거든요. 수정란은 곧바로 여러 개의 세포로 갈라지는 '난할' 과정을 겪게 되지요.

교과서 핵심 개념

세포
세포는 생물을 이루는 기본 단위예요. 세포의 역할에 따라 크기, 기능, 생김새가 매우 다양하지만 구조는 대부분 비슷해요.

배아
수정란이 분열하면 배아가 돼요. 사람의 경우에는 수정된 후 8주까지가 배아 단계지요. 배아 단계에서 분열한 세포가 조직과 기관으로 자란답니다.

수정란은 난할을 거치며 배아로 성장해요. 이 과정 동안 만들어진 세포는 모두 똑같아요. 하지만 시간이 더 지나면 세포들은 뇌, 심장, 뼈처럼 서로 완전히 다른 기관이 되지요. 난할이 일어나는 동안 만들어진 각각의 **세포** 를 '할구'라고 하는데, 각 할구는 서로 조금씩 다른 형태가 된답니다. 어떤 세포는 배아의 바깥쪽 층인 외배엽, 어떤 세포는 안쪽 층인 내배엽, 어떤 세포는 가운데 층인 중배엽으로 자라지요. 오른쪽 그림에서 수정란이 난할을 거듭하며 **배아** 로 자라는 과정을 볼 수 있어요.

DNA나 생물 속 다른 분자에 대해 아무것도 모르던 옛날 과학자들은 수정란이 여러 세포로 이루어진 '배아'가 되면서 다양한 조직과 기관이 만들

(오른쪽 잘린 본문)
래대로 만들 수도
매머드의 **유전체**

2000년대 중반
시물에서 매머드의 D
들은 매머드의 D
석하고 살아 있는
까운 아프리카코끼
는 99.41퍼센트 9
다가 매머드와 코
의 **공통 조상** 이 7
알게 됐답니다. 0
요. 머지않은 미라
활'시켜 자연으로

이것만은 꼭 기억
☑ 재도입은 동시
목표로 해요.
☑ 유전자와 동우
☑ 스발바르 국제

교과서 핵심 개념
초등과 중1 교과서에 자주 나오는 개념,
심화로 나아가는 데 뼈대가 되는 개념을 다뤘어요.

하이라이트
중요한 개념에는 하이라이트가 들어가 있어서 한눈에 들어와요.
자세한 설명은 바로 옆의 박스를 보면 돼요.

학자들은
답니다.
두 곳의 전
요. 과학자
서열을 분
와 가장 가
지요. DNA
졌어요. 게
교해서 둘
는 사실을
하고 있어
동물을 '부
라요.

교과서 심화 개념 1차

유전체

어떤 한 생물이 가지고 있는 유전자와 유전 물질을 통틀어 유전체라고 불러요. 영어로는 게놈(Genom)이라 하지요. 신문이나 티브이에 나오는 '게놈을 모두 해독했다'라는 말은 한 생물이 갖고 있는 유전체를 처음부터 끝까지 모두 밝혀냈다는 뜻이랍니다.

교과서 핵심 개념

공통 조상

서로 다른 생물종이 갈라져 나간 공통적인 조상 생물종을 말해요. 예를 들어 여러 조류의 공통 조상은 공룡이랍니다.

내 생물 다양성이 자연에 유지되는 것을

그 생물이 살았던 환경도 알아낼 수 있어요.

한 씨앗 100만여 종을 보관하고 있어요.

한 발짝 더

과학 교과서 정복하기

각 장마다 초등학교부터 중학교까지 학년별 교과연계 단원을 표시했어요. 예복습할 단원이 한눈에 들어와요.

힘센 개념 미리보기

어디서 무슨 개념을 배울지 궁금한가요? 챕터마다 주제와 가장 연관이 깊으면서 중요한 개념을 차례에서 미리 살펴보세요.

교과서 개념 찾아보기

책 속의 개념이 가나다순으로 몇 쪽에 있는지 정리되어 있어요. 궁금한 개념을 찾을 수 있도록 도와줘요.

이것만은 꼭 기억하세요

딱 3줄로 핵심만 요약했어요. 다음 챕터로 넘어가기 전에 배운 내용을 확실하게 이해하고 넘어갈 수 있어요.

차례

중1   Ⅲ. 생물의 다양성

중3   Ⅴ. 생식과 유전

예습

과학 교과서 정복하기

복습

초5-1   다양한 생물과 우리 생활

초5-2   생물과 환경

초6-2   우리 몸의 구조와 기능

1장

세포가
생물이 되기까지

우리는 모두 세포 하나였어

미생물도 부모가 있다?

이름만 알아도 생물이 보여!

우리는 모두 세포 하나였어

사람은 수없이 많은 세포로 이루어져 있어요. 하지만 이 많은 세포는 단 하나의 세포에서 만들어진 거랍니다. 아빠의 정자와 엄마의 난자가 만나 이루어진 수정란은 세포 하나짜리거든요. 수정란은 곧바로 여러 개의 세포로 갈라지는 '난할' 과정을 겪게 되지요.

교과서 핵심 개념

세포

세포는 생물을 이루는 기본 단위예요. 세포의 역할에 따라 크기, 기능, 생김새가 매우 다양하지만 구조는 대부분 비슷해요.

배아

수정란이 분열하면 배아가 돼요. 사람의 경우에는 수정된 후 8주까지가 배아 단계지요. 배아 단계에서 분열한 세포가 조직과 기관으로 자란답니다.

수정란은 난할을 거치며 배아로 성장해요. 이 과정 동안 만들어진 세포는 모두 똑같아요. 하지만 시간이 더 지나면 세포들은 뇌, 심장, 뼈처럼 서로 완전히 다른 기관이 되지요. 난할이 일어나는 동안 만들어진 각각의 세포 를 '할구'라고 하는데, 각 할구는 서로 조금씩 다른 형태가 된답니다. 어떤 세포는 배아의 바깥쪽 층인 외배엽, 어떤 세포는 안쪽 층인 내배엽, 어떤 세포는 가운데 층인 중배엽으로 자라지요. 오른쪽 그림에서 수정란이 난할을 거듭하며 배아 로 자라는 과정을 볼 수 있어요.

DNA나 생물 속 다른 분자에 대해 아무것도 모르던 옛날 과학자들은 수정란이 여러 세포로 이루어진 '배아'가 되면서 다양한 조직과 기관이 만들

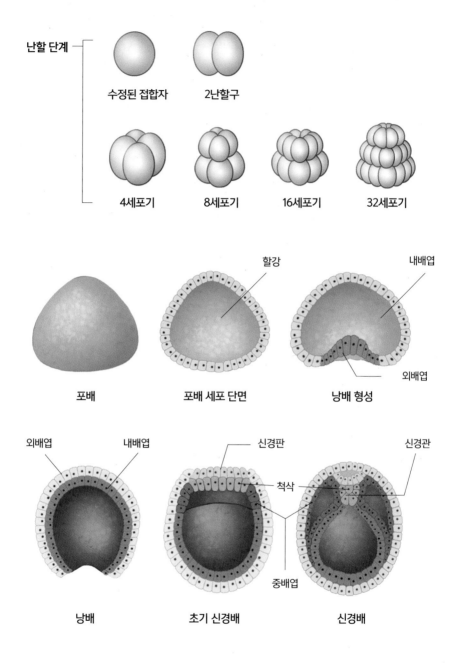

난할 단계

수정된 접합자

2난할구

4세포기

8세포기

16세포기

32세포기

할강

내배엽

포배

포배 세포 단면

외배엽

낭배 형성

외배엽

내배엽

신경판

신경관

척삭

낭배

초기 신경배

중배엽

신경배

수정란의 분열 과정

어지고 능력을 나누어 가지는 과정을 알 수 없었어요. 그래서 동물의 배 속이나 알 속에서 생물이 자라는 과정을 다양하게 상상하곤 했지요. 정자와 난자 속에 작은 '사람'이 있다는 의견도 있었답니다.

과학이 조금씩 발달하면서부터는 여러 실험을 통해 배아가 성장하는 과정을 직접 관찰해 의견을 내놓는 사람들이 나타났어요. 독일의 발생학자 카스파 볼프는 1750년대 말에 러시아에서 연구하며 유리관 속에 깨진 달걀을 넣어 놓고 달걀에서 병아리의 전체 기관이 만들어지는 과정을 직접 관찰했어요. 볼프는 배아가 스스로 처음의 단순했던 덩어리에서 더 복잡한 형태로 성장한다고 주장했어요. 그리고 배아가 크는 과정에서 한 세포에서 나오는 물질이 다른 세포에 영향을 주고, 이 세포들이 어떤 기관으로 클지 결정한다고 했지요.

이처럼 세포에 미리 정해진 건 아무것도 없다는 의견을 '후성설'이라고 해요. 이 의견을 뒷받침하는 실험이 있어요. 양서류인 도롱뇽 배아의 할구 2개를 특수한 실로 조심해서 분리한 결과, 각각의 세포는 모두 정상적인 도롱뇽으로 자라났답니다. 사람의 배아도 마찬가지예요. 할구가 저절로 분리되어 세포가 2개가 되면 일란성 쌍둥이가 되지요.

이 실험 덕분에 할구가 만들어질 때부터 어떤 기관으로 자라날지 정해져 있지 않다는 점을 알 수 있었어요. 한쪽은 머리와 가슴, 다른 한쪽은 배와 다리만 되듯 세포가 만들어진 뒤에 어떤 모습이 될지 이미 정해져 있다면 분리한 두 할구 모두 정상적인 도롱뇽으로 자라나지 못했을 테니까요. 일란성 쌍둥이도 태어나지 못하고요.

반대로 세포의 운명은 정해져 있다는 의견도 있어요. 이걸 '전성설'이라고 해요. 전성설은 도롱뇽 실험 같은 여러 실험 때문에 1700년대 이후에는 믿는 사람이 아주 적었어요. 하지만 전성설도 틀린 소리는 아니에요. 세포 안에는 운명을 결정하는 유전자 가 들어 있으니까요.

과학자들이 유전자를 본격적으로 연구하기 시작하면서, 세포에서 일어나는 화학 반응은 대부분 단백질 의 영향을 받는다는 사실이 밝혀졌어요. 단백질은 DNA 와 같은 다른 물질이 변하는 과정을 돕고, 반응이 끝난 뒤엔 바뀐 모습을 유지하게 해준답니다. 화학적 변형을 도울 뿐 아니라 이전의 형태로 다시 돌아가지 않도록 붙잡아 주는 거지요. 이렇게 단백질을 움직이는 정보는 DNA에 유전자 형태로 담겨 있고요. 1950년대에 특정 부분의 배아 조각을 다른 곳에 이식한 결과를 연구한 과학자들이 이 사실을 알아냈지요.

DNA는 이중나선 형태로 돌돌 말려 있어요. 나선 사이에는 유전 정보가 빼곡하게 담겨 있지요. 이 유전 정보를 이용하려면 유전자가 담긴 DNA의 일부분이 우선 RNA 로 바뀌어야 해요. RNA는 자신에게 담긴 정보를 바탕으로 단백질을 만들지요. 이 단백질이 우리 몸의 조직과 기관을 이루고,

교과서 핵심 개념

유전자

유전자는 부모로부터 물려받은 특성이 생물에 나타나게 해요. 대부분 이중나선 형태로 꼬여 있는 DNA의 한 부분에 정보로 저장되어 있지요. 우리 몸의 생김새, 취향까지 유전자에 담겨 있답니다.

DNA

DNA는 한 생물의 유전 정보를 담고 있는 부분이에요. '핵산'이라고 하는 물질로 이루어져 있지요. DNA의 유전 정보는 네 가지 염기가 어떻게 조합되느냐에 따라 달라져요. 정보를 담고 있는 DNA의 각 부분을 유전자라고 한답니다.

RNA

RNA 역시 유전 정보를 담고 있는 핵산 덩어리예요. 하지만 DNA와 염기나 구조가 달라요. DNA는 RNA로 변해야 단백질을 만들 수 있는데, 이 과정을 '전사'라고 해요.

교과서 심화 개념

단백질

단백질은 동물의 몸을 이루는 기본 단위예요. 유전자에는 몸의 어디에 무슨 단백질로 어떤 형태를 만들지에 대한 정보가 담겨 있어요. 쉽게 말해서 유전자는 설계도, 단백질은 부품, 우리 몸은 설계도대로 부품을 쌓아 만든 완성품이랍니다.

교과서 심화 개념

돌연변이

생물의 유전자가 자손에게 전달되는 과정에서 DNA를 이루는 염기 서열이 바뀌면서 그 안에 담긴 정보도 변할 수 있어요. 이렇게 변한 정보로 새로운 특성이 나타나는 현상을 돌연변이라고 해요. 돌연변이는 진화에 매우 중요한 현상이에요. 돌연변이가 생존에 더 유리한 경우, 돌연변이가 일어난 생물이 그렇지 않은 형제들보다 더 오래 살아남고 자손도 더 많이 남길 수 있어요. 이렇게 바뀐 형질이 후손에게 전달되면 새로운 종이 생겨난답니다.

세포 안에서 일어나는 각종 화학 반응을 조절한답니다. 그 과정에서 돌연변이 가 생기기도 하고요.

그렇다면 전성설과 후성설은 서로 어떻게 작용할까요? 1920년대 초 독일의 발생학자 한스 슈페만과 그의 제자 힐데 만골트의 실험을 통해 확인할 수 있어요. 두 사람은 양서류인 영원의 배아를 낭배기까지 키운 뒤, 세포의 역할이 어떻게 결정되는지 실험했어요. 낭배기는 두 겹의 세포층으로 이루어지는데 안쪽으로 움푹 팬 부분이 생겨요. 이 부분을 원구순이라고 해요. 원구순은 배아의 등 구조를 만들거나 배 부분을 이룬답니다.

두 사람은 어두운 색을 띤 영원 배아의 원구순 윗부분을 잘라서 연한 색의 영원 배아 아래쪽에 이식했어요. 배아는 죽지 않고 자라서 무사히 태어났어요. 하지만 이 영원은 등이 2개였어요. 신경계

▶ 정상적인 영원 배아(위)의 등과 머리, 신경관이 두 개씩 생긴 영원 배아(아래)

도 2개, 머리도 2개였지요. 원구순의 윗부분 조각이 다른 부분이 될 주변 세포의 유전자에게 '등이 되라'고 일을 시킨 거예요. 이처럼 세포가 서로에게 어떤 신호를 보내는지에 따라서 미리 결정된 운명이 바뀌기도 한답니다.

결국 수정란의 DNA는 배아 발생에 필요한 모든 정보를 갖고 있어요. 수정란이 난할에 들어가면 세포는 서로에게 화학 신호를 보내고 명령을 내리는데 이 신호로 활동하는 유전자가 달라지기 시작해요. 이 때문에 세포를 구성하는 요소가 달라지고, 세포의 크기와 기능도 달라지면서 우리 몸이 완성되는 거예요.

이것만은 꼭 기억하세요

☑ 사람을 비롯해 모든 생물은 세포로 이뤄져 있어요.

☑ 세포가 무엇이 될지 결정하는 정보는 DNA에 유전자라는 형태로 담겨 있어요.

☑ 단백질은 우리 몸을 만드는 재료로, 딱 맞는 단백질을 생산할 수 있는 정보는 DNA에 담겨 있어요.

✏️미생물도 부모가 있다?

옛사람들은 더러운 빨래 더미에서 쥐가 태어나고, 물에 휩쓸려 온 흙덩이 속에서 개구리와 악어가 생긴다고 생각했어요. 하지만 지금은 다들 한 생물로부터 다른 생물이 태어난다는 사실을 알아요. 생물 탄생의 비밀을 밝혀낸 흥미진진한 실험을 함께 살펴봐요.

교과서 심화 개념

자연발생설

생물이 다른 생물이 아닌 자연에서 만들어진다는 의견이에요. 약 2,400년 전 고대 그리스의 철학자 아리스토텔레스가 주장했지요. 아리스토텔레스는 부모가 낳아서 태어나는 생물도 있지만, 부모 없이 자연에서 힘을 받아 태어나는 생물도 있다고 믿었어요. 그리고 물, 진흙, 썩은 고기, 햇빛에서 생물이 탄생한다고 주장했답니다.

과일 껍질을 내버려 두면 초파리가 생겨요. 마치 초파리가 자연적으로 뽕 하고 나타난 것처럼 보이지 않나요? 생물이 자연에서 저절로 생겨난다는 이런 믿음을 '**자연발생설**'이라고 한답니다. 1600년대 중반까지 과학자들은 대부분 자연발생설을 믿었어요. 자연발생설이 틀리지 않았을까 하고 처음으로 생각한 사람은 이탈리아의 생물학자인 프란체스코 레디예요.

1668년 레디는 자신의 생각을 확인하기 위해 실험을 했어요. 병 속에 고기 두 조각을 넣은 다음 병 하나는 뚜껑을 열어 놓고, 다른 하나는 아주 얇고 부드러운 천으로만 덮어 두었지요. 파리는 뚜껑이 열린 병으로 들어가 알을 낳았고 알에서는 애벌레가 깨어났어요. 하지만 천이 덮인 병에서는 고기가 썩을 뿐 알과 애벌레, 파리가 생기지 않았어요. 병의 입구가 천으로 막혀 있어서 파리가 썩은 고기 위에 알을 낳을 수 없었기 때문이지요. 레디는 이 실험 결과로 '썩은 고기에서는 **생물** 이 태어나지 않는다'라는 사실을 밝혀냈답니다.

레디의 실험을 본 과학자들은 고기의 종류를 바꿔 가며 계속해서 실험을 했어요. 하지만 고기의 종류가 무엇이든 파리가 고기 위에 올라앉아 알을 낳지 못하면 애벌레는 생기지 않았지요. 이 간단한 실험 덕분에 과학자들은 자신들이 이제까지 1,000년 넘게 잘못 생각하고 있었다는 사실을 깨닫게 됐답니다.

그런데 17세기 말에 자연발생설이 다시 등장했어요. 네덜란드의 렌즈 제작자인 안톤 판 레이우엔훅이 현미경을 발명하면서 과학자들이 미생물에 관심을 가지게 됐거든요. 과학자들은 미생물도 부모가 있는지, 자연에서 저절로 생겨나는지를 두고 서로 다투었지요. 뚜껑이 닫힌 병 안의 물질에서도 지구상에서 가장 작은 생명체인 **미생물** 이 난데없이 생겨나는 모습을 현미경으로 볼 수 있었기 때문이에요.

교과서 핵심 개념

생물

생물(生物)은 말 그대로 '살아 있는 존재'예요. 우리 인간을 포함해 동물, 식물, 균류(버섯과 곰팡이), 미생물은 모두 생물이랍니다. 생물은 종류에 따라 몸의 구조나 사는 방식이 모두 달라요. 하지만 일곱 가지 특징은 똑같이 갖고 있지요.

① 세포로 이루어져 있다.
② 태어나 자란다.
③ 영양분을 먹고 에너지를 만드는 신진대사를 한다.
④ 자극에 반응한다.
⑤ 몸속 기관의 활동을 일정하게 유지한다.
⑥ 환경에 적응하고 진화한다.
⑦ 후손을 낳고 유전자를 물려준다.

미생물

미생물은 크기가 아주 작아서 우리 눈으로 볼 수 없는 생물을 통틀어 이르는 말이에요. 박테리아(세균), 균류, 그 밖의 단세포 생물들은 대부분 미생물에 속하지요. 미생물 중에는 우리 몸에 병을 일으키는 병원체가 많아요. 하지만 김치, 빵, 술 등 음식물을 맛있게 해 주는 역할도 하지요. 곰팡이는 의약품의 원료로 쓰이기도 한답니다.

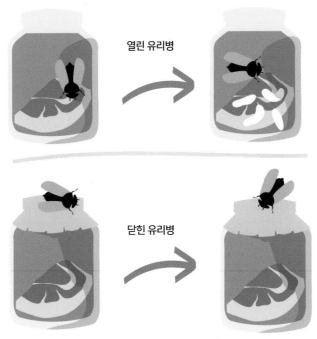

열린 유리병

닫힌 유리병

프란체스코 레디의 파리 실험

1745년, 영국의 동식물학자 존 니덤은 미생물이 다른 생물의 **생식** 을 거치지 않고도 만들어진다는 것을 보여 주는 실험 몇 가지를 진행했어요. 니덤은 양고기로 만든 소스를 병 안에 붓고 병을 코르덴 천으로 만든 마개로 덮어 막았어요. 병째로 소스를 끓이면 병 속에 살아 있는 생명체가 없어야 했지만, 이틀 뒤 미생물이 가득 발견됐어요. 니덤은 아몬드와 해바라기 씨로도 같은 실험을 반복했어요. 결과는 매번 같았기 때문에 미생물이 아무 것도 없는 공간에서 발생한 것처럼 보였지요. 자연발생설을 실험으로 증명한 셈이에요.

그런데 1765년에 이 실험을 반박하는 사람이 나타났어요. 이탈리아의 동식물학자인 라차로 스팔란차니는 니덤이 미생물을 <u>배양</u>하는 과정에서 깨끗한 환경을 유지하지 못했을 거라고 생각했어요. 만약 병마개를 느슨하게 잠갔다면 공기 중의 미생물이 병과 마개 사이를 통해 양고기 소스에 들어갈 수 있으니까요. 또 액체를 충분히 끓이지 않았다면 어떤 미생물은 높은 온도에서도 잘 버텨 살아남을 수 있어요!

스팔란차니는 미생물의 먹이이자 보금자리가 되는 배양액의 종류가 실험에 영향을 주지 않는다는 것을 증명하기 위해 여러 종류의 배양액을 준비했어요. 그 뒤 일부는 단단히 밀봉했고 나머지는 니덤이 했던 것처럼 병을 살짝 닫아 두기만 했어요. 유리가 뜨거워져 깨지지 않도록 공기가 나갈 수 있는 통로도 만들었지요. 스팔란차니는 준비한 플라스크의 일부는 10분 동안, 나머지는 1시간 내내 끓였답니다. 이틀 뒤, 완전히 밀봉해서 오랫동안 끓인 병은 미생물의 흔적 없이 투명했어요. 반면에 느슨하게 닫고 짧은 시간 동안 끓인 병은 미생물로 가득했답니다. 실수를 했을까 봐 두려웠던 스팔란차니는 실험을 반복했지만 결과는 같았지요. 이 실험을 통해 니덤이 틀렸다는 사실이 증명됐어요.

프랑스의 미생물학자이자 화학자인 루이 파스퇴르는 자연발생설에 대한 논란을 완벽하게 해결했어요. 파스퇴르는 밖에 있는 미생물이 공기를

생식

생물이 자신의 유전자를 복제해 자손을 낳는 과정을 '생식' 또는 '번식'이라고 한답니다. 미생물을 포함한 단세포 생물은 자기 몸을 키워서 둘로 쪼개는 분열 방식으로 생식해요. 부모가 하나만 있는 거예요. 이런 생식을 무성생식이라고 한답니다. 이와 달리 균류, 원생생물, 진핵생물은 대부분 부모 둘의 유전자를 합쳐서 자손을 만드는 유성생식을 해요.

배양

배양은 실험실에서 인공적으로 생물을 키워 내는 일을 말해요. 미생물은 평균 0.5~5마이크로미터(1마이크로미터는 100만분의 1미터)로 크기가 아주 작고 생김새가 서로 비슷하기 때문에 모아 놓고 연구하기 어려워요. 그래서 서로 다른 미생물로 가득 찬 곳에서 하나의 미생물만 잘 골라내 키우는 순수배양이 필요하답니다.

▲ 미생물의 존재를 증명한 루이 파스퇴르(왼쪽)와 그가 사용한 플라스크의 복제품(오른쪽)

통해 실험용 용기로 들어온다고 믿어 의심치 않았어요. 하지만 배양액을 오염시키지 않으면서 공기를 배양액 안으로 넣을 방법을 찾지 못했지요.

스승인 앙투안 발라르의 조언에 따라 파스퇴르는 길게 구부러진 플라스크를 만들었어요. 이 플라스크로 배양액을 끓이면, 먼지 속에 있는 미생물이 구부러진 부분에 머무르기 때문에 미생물과 배양액은 만나지 못해요. 반면에 깨끗한 공기는 바깥에서 쉽게 들어올 수 있지요. 구부러진 목이 공기는 막지 않으면서도 플라스크 속의 물질은 아주 깨끗하게 지켜 줬답니다.

파스퇴르는 미생물이 공기로 이동한다는 사실을 증명하기 위해 먼지가 공기와 함께 붙어 있는 플라스크의 구부러진 목 부분으로 깨끗한 배양액을 기울였어요. 며칠 내로 미생물이 자라나며 배양액이 불투명해졌지요.

1860년, 프랑스 과학 아카데미는 자연발생설 논란을 해결한 공로로 파스퇴르에게 상을 줬어요.

파스퇴르와 같은 시기에 살았던 영국의 물리학자 존 틴들은 고기로 만든 배양액을 팔팔 끓인 다음에도 일부 유기체 가 몇 시간 동안 살아 있는 것을 발견했어요. 결국 미생물은 주변이 너무 뜨겁거나 차가운 것과 같이 환경 조건이 나빠지면 두꺼운 껍데기로 몸을 감싸고 포자 를 만들 수 있다는 사실이 밝혀졌답니다.

이처럼 아주 단단한 미생물을 죽이려면 미생물이 들어간 물질을 계속 끓여야 해요. 시간당 3~5번 끓이고 24시간 휴식 시간을 가진 뒤 같은 단계를 반복하는 거지요. 이렇게 열을 가하면 포자를 만들지 않은 미생물은 죽고, 포자를 만들어 낸 미생물도 결국 하루가 지나고 다시 끓여지는 과정에서 죽게 돼요. 지금도 이 방법을 이용해 안전한 통조림 음식을 만들고 있답니다.

교과서 핵심 개념

유기체

생물을 일컬어 유기체라고도 해요. 사전적인 의미로는 '물질이 유기적으로 구성되어 생활 기능을 가지게 된 조직체'지요. 유기체는 탄수화물, 지방, 단백질, 핵산, 비타민 같은 유기물로 이루어져 있어요.

교과서 심화 개념

포자

포자는 미생물이나 균류가 번식하기 위해 만드는 자손이에요. 식물의 씨앗과 비슷하지요. 자랄 수 있는 환경에 도착한 포자에서는 미생물이나 균류의 후손이 자라난답니다.

이것만은 꼭 기억하세요

☑ 생식은 생물이 자신의 유전자를 복제해 자손을 낳는 과정이에요.

☑ 혼자 자손을 만들면 무성생식, 부모의 유전자를 합쳐서 만들면 유성생식이라고 해요.

☑ 미생물은 주위 환경으로부터 자신을 보호하거나 자손을 남기기 위해 포자를 만들어요.

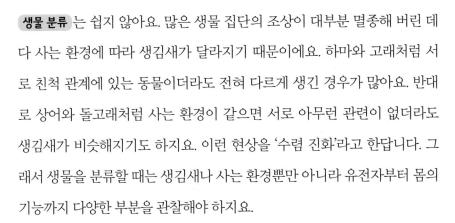

이름만 알아도 생물이 보여!

사람들은 만났을 때 서로의 이름부터 물어봐요. 생물학에서도 이름은 매우 중요하답니다. 생물의 이름을 정확히 지으려면 무슨 특징이 있는지, 어느 무리에 속하는지, 조상은 누구인지 다 알아야 하거든요. 생물 분류는 생물을 이해하고 정확한 이름을 짓는 과정이에요.

생물 분류 는 쉽지 않아요. 많은 생물 집단의 조상이 대부분 멸종해 버린 데다 사는 환경에 따라 생김새가 달라지기 때문이에요. 하마와 고래처럼 서로 친척 관계에 있는 동물이더라도 전혀 다르게 생긴 경우가 많아요. 반대로 상어와 돌고래처럼 사는 환경이 같으면 서로 아무런 관련이 없더라도 생김새가 비슷해지기도 하지요. 이런 현상을 '수렴 진화'라고 한답니다. 그래서 생물을 분류할 때는 생김새나 사는 환경뿐만 아니라 유전자부터 몸의 기능까지 다양한 부분을 관찰해야 하지요.

생물 분류는 고대 그리스의 아리스토텔레스가 처음 한 것으로 알려졌어요. 아리스토텔레스는 모든 자연물을 무기물과 식물, 이동하지 않는 동물, 피가 있는 동물, 피가 없는 동물로 나누었어요.

아리스토텔레스보다 훨씬 정확한 분류 방법은 1700년대가 되어서야 나왔어요. 스웨덴의 식물학자 칼 린네가 개발한 방법이 가장 잘 알려져 있지요. 린네는 생물을 동물과 식물, 무기물 세 가지의 '계통'으로 나누었어요. 그땐 버섯을 식물로 생각했고, 박테리아와 바이러스는 아무도 몰랐거든요. 린네는 생물의 무리를 여러 단계로 나누었어요. 그리고 각 종류마다 누구나 공통으로 쓸 수 있는 라틴어 이름을 지어 주자고 했어요. 라틴어는 더 이상 뜻이나 단어 구조가 변하지 않는 옛 언어예요. 그리고 1700년대의 학자들은 대부분 라틴어를 읽고 쓸 수 있었어요. 그래서 라틴어 이름을 쓰면 서로 사용하는 언어가 달라도 생물의 종류가 무엇인지 정확히 알 수 있었답니다. 린네의 단계 구별 방식은 지금도 쓰여요. 지금은 가장 큰 분류인 **계** 부터 **문**, **강**, **목**, **과**, **속**, **종** 까지 7단계로 나눈답니다.

린네가 지은 생물의 이름은 언제나 두 단어로 이뤄져 있어요. 대문자로 시작하는 속(屬)명, 소문자로 쓰이며 종류의 성질을 나타내는 종(種)명이지요. 예를 들어 뻐꾸기의 학명은 쿠쿨루스 카노루스

교과서 심화 개념

생물 분류
생물을 분류하는 가장 대표적인 방법은 공통점을 가진 큰 무리부터 작은 무리로 작게 나눠 가는 거예요. 우리가 쓰는 생물 분류법인 계·문·강·목·과·속·종에서 가장 큰 무리는 계, 가장 작은 무리는 종이에요. 계는 크게 동물계, 식물계, 균계, 원생생물계, 원핵생물계로 나뉘어요.

계, 문, 강, 목, 과, 속, 종
집에서 기르는 집고양이를 이 방식으로 한번 분류해 볼까요?
① 계: 동물계
② 문: 척삭동물문(척추를 가지고 있는 동물)
③ 강: 포유강(새끼를 낳고 젖을 먹여 키우는 척추동물)
④ 목: 식육목(육식 포유류)
⑤ 과: 고양잇과(고양이, 사자, 호랑이 등이 속함)
⑥ 속: 고양잇속(야생고양이, 집고양이가 속함)
⑦ 종: 집고양이종

(*Cuculus canorus*)예요. 쿠쿨루스(뻐꾸기속)에 속하는 카노루스('선율'이라는 의미)라는 뜻이랍니다. 쿠쿨루스가 한국의 김 씨, 이 씨 같은 '성'인 셈이지요. 뻐꾸기속에 속한 벙어리뻐꾸기, 두견새, 콧수염매사촌도 모두 쿠쿨루스이지만 종명은 각각 옵타투스(*optatus*), 폴리오세팔루스(*poliocephalus*), 그리고

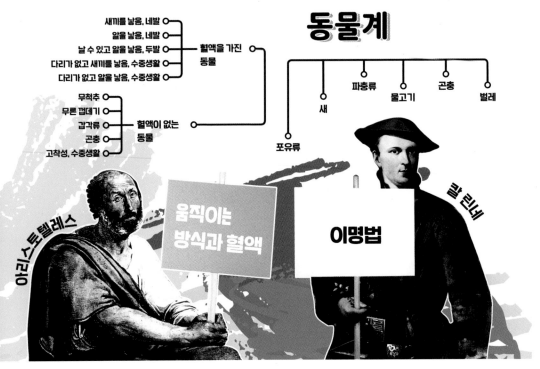

새끼를 낳음, 네발

알을 낳음, 네발

날 수 있고 알을 낳음, 두발

다리가 없고 새끼를 낳음, 수중생활

다리가 없고 알을 낳음, 수중생활

혈액을 가진 동물

무척추

무른 껍데기

갑각류

곤충

고착성, 수중생활

혈액이 없는 동물

동물계

포유류

새

파충류

물고기

곤충

벌레

아리스토텔레스

움직이는 방식과 혈액

이명법

칼 린네

▲ 아리스토텔레스와 린네의 생물 분류법

바간스(*vagans*)로 달라요. 쿠쿨루스 집안의 사촌들인 셈이지요. 이렇게 생물의 이름을 붙이는 방법을 '이명법'이라고 한답니다.

그런데 린네가 만들어 낸 분류 체계는 지난 300년간 커다란 변화를 겪었어요. 린네는 주로 생김새를 기준으로 생물을 분류했어요. 특히 날개의 유무나 발가락의 개수 같은 한 가지 특성을 기준으로 삼아 집단을 나누었지요. 또 린네는 **진화** 의 원리를 몰랐어요. 그래서 분류법이 완벽하지 않았답니다.

또 다른 이유는 박테리아나 원생동물 같은 미생물의 발견이었어요. 이 무리는 대부분 현미경으로만 볼 수 있어서 일상생활에서는 우리와 거의 마주칠 일이 없어요. 하지만 이 생물들을 발견하게 되면서부터 분류학은 완전히 뒤바뀌었답니다.

이처럼 과학이 발전하면서 분류법도 진화와 생물들 간의 관계를 중심으로 바뀌었어요. 이 과정에서 식물, **균류** , **박테리아** 등이 더 정확하게 분류됐고요. 또 어느 생물이든 나무처럼 생긴 가계도에 넣을 수 있게 됐어요. 나무는 시작점인 뿌리에서 가지가 뻗어 나오지요. 각 가지가 나뉘는 부분을 '마디'라고 하는데 한 가지에 여러 개의 마디가 달릴 수 있어요. 한 마디에서 나온 모든 가지를 묶어 '분기군'이라고 해요. 또 세밀하게 나무를 그리는 분

교과서 핵심 개념

진화
진화는 생물이 자신이 살아가는 곳의 자연환경과 자신이 차지하고 있는 생태적 지위에서 더 잘 살아남기 위해 변하는 과정이에요. 생태적 지위는 생물이 어디에서 사는지, 무엇을 먹는지, 누구에게 먹히는지를 나타내는 말이지요.

균류
균류는 버섯, 곰팡이를 포함한 다세포 생물을 말해요. 보통 포자로 번식하지요. 균류는 죽은 동식물을 분해해 흙으로 돌려보내는 역할을 한답니다.

박테리아
박테리아는 세포 하나로 이루어진 단세포 생물이에요. 세균이라고도 부르지요. 박테리아는 어디서든 살아요. 우리 몸속에도 수십조 마리의 대장균이 살고 있지요. 대장균이 없다면 장이 제 역할을 하지 못해 밥을 먹거나 화장실에 갈 때마다 아주 괴로울 거예요.

교과서 심화 개념

염기 서열

DNA와 RNA는 각각 네 가지의 염기로 이루어져 있어요. 이 염기들은 2개가 한 쌍을 이뤄 마치 사다리처럼 쌓여 있지요. 어떤 염기가 쌍을 이루고, 이 쌍들이 어떤 순서로 쌓여 있는지를 염기 서열이라고 한답니다. 염기 서열에 따라 그 안에 담긴 유전 정보가 달라져요.

류학 분야를 '분기학'이라 한답니다. 지금 쓰이는 분류학 가운데 가장 유명한 분야지요.

생물을 물질과 분자 단위로 나누어 연구하는 학문을 분자생물학이라고 해요. 분자생물학이 발전하기 전에는 장기와 조직의 구조를 통해 두 생물 간의 유사점과 차이점을 확인했어요. 단세포 생물은 세포 기관의 생김새나 구조로 판단했지요. 하지만 분자생물학이 발전하면서 DNA와 RNA의

염기 서열 을 읽는 작업이 몇 주, 심지어 며칠 만에도 끝날 만큼 빨라지면서 분류학자들은 생물의 유전자를 비교하기 시작했어요. 유전자는 생명체가 어떻게 작동하고 어떤 생김새를 할지 결정하기 때문에, 유전자를 비교하면 생물의 친척 관계와 진화 과정에 대해 많은 것을 알아낼 수 있답니다. 눈으

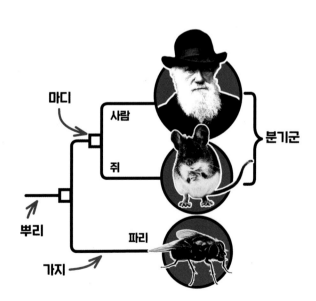

분기학에서는 나무 형태로 생물의 관련성과 진화를 보여 준다. 이런 그림을 '계통수'라고 한다.

로 관찰할 수 없는 숨겨진 유사점이나 차이점까지도 알 수 있지요.

각 계를 이루는 생명체는 대부분 공통적으로 갖고 있는 유전자가 있어요. 이 공통 유전자는 호흡과 광합성, 단백질 합성 등 생명 활동에 꼭 필요한 정보를 담고 있지요. 이 유전자의 일부가 돌연변이를 일으켜 생물을 죽게 만드는 단백질을 만들 수도 있어요. 하지만 이런 돌연변이가 일어난 개체는 대부분 죽어 버리기 때문에 같은 종류의 생명체가 공유하고 있는 유전 정보인 유전자 풀에 거의 남지 않지요. 남아 있는 돌연변이는 생명체에게 해를 끼치지 않거나 오히려 진화에 도움이 되는 것들이랍니다. 그래서 같은 유전자를 가지고 있어도 생명체의 모습이나 특징은 제각각일 수 있어요.

지금의 분류학은 세포의 생명 활동을 조절하는 세포핵을 기준으로 생물을 나눠요. 핵이 없는 생물은 **원핵생물**, 핵이 있는 생물은 **진핵생물** 이라고 불러요. 원핵생물로는 박테리아와 **고세균** 이 있지요. 최근에는 생물을 크게 고세균, 박테리아(진정세균계), 진핵생물의 세 영역으로 분류해요.

진핵생물의 다른 계에 포함되어 있던 **원생생물** 은 별도의 계로 다시 분리됐어요. 진핵생물은 현

교과서 핵심 개념

원핵생물
세포에 핵이 없는 단세포 생물이에요. 대신에 세포를 둘러싼 세포벽이 발달했지요. 대부분 다른 생물로부터 에너지를 얻고 살지만, 시아노박테리아(남조류)처럼 광합성을 하며 살아가는 종류도 있답니다.

진핵생물
세포에 핵이 있는 생물이에요. 우리가 눈으로 보는 모든 동식물, 그리고 버섯과 곰팡이 같은 균류가 여기 속하지요.

원생생물
원핵생물과 진핵생물 어디에도 속하지 않는 생물 무리예요. 세포에 핵이 있지만 원핵생물 같은 유전자나 특징도 갖고 있거든요. 아메바, 짚신벌레 같은 단세포 생물과 미역, 다시마 같은 다세포 생물을 모두 포함하지요. 또 유글레나처럼 식물과 동물의 특징을 모두 보이는 종류도 있어요.

교과서 심화 개념

고세균
고세균은 박테리아처럼 핵이 없는 단세포 생물이에요. 하지만 세포를 감싸는 얇은 막인 세포막을 이루는 성분이 다르지요. 또 대부분 산소가 없는 곳에서 살아간답니다.

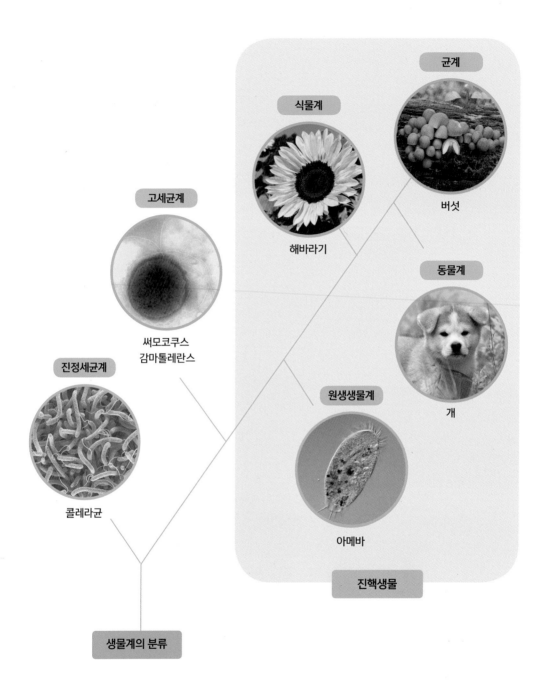

균계

식물계

고세균계

버섯

써모코쿠스
감마톨레란스

동물계

해바라기

진정세균계

개

원생생물계

콜레라균

아메바

진핵생물

생물계의 분류

재 동물, 식물, 균류, 원생생물의 네 가지 계로 구분한답니다. 원생생물은 여러 계의 특성을 동시에 가진 경우가 많아서 다른 생물 분야에서 자주 연구해요.

재미있게도 박테리아, 원생생물을 포함한 진핵생물, 그리고 고세균은 공통 조상을 갖고 있어요. 공통 조상은 말 그대로 여러 생물의 공통된 조상을 말해요. 결국 한 조상에서 갈라져 나온 단세포·다세포 생물이 각자 환경에 적응하고 진화하면서 지금같이 다양한 무리를 이루게 됐답니다.

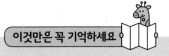

이것만은 꼭 기억하세요

☑ 오늘날 생물을 분류할 때는 계, 문, 강, 목, 과, 속, 종의 7단계로 나눠요.

☑ 계는 세포핵의 존재와 생물의 유전자를 바탕으로 생물을 가장 크게 나눈 무리예요.

☑ 각 계마다 공통으로 가지고 있는 유전자는 염기 서열을 통해 확인할 수 있어요.

중1   Ⅲ. 생물의 다양성

중3   Ⅳ. 자극과 반응

중3   Ⅴ. 생식과 유전

예습

과학 교과서
정복하기

복습

초3-1   동물의 한살이

초3-2   동물의 생활

2장

동물이 어울려 사는 비법은?

동물은 부모에게 배운다

동물도 대화를 한다고?

남을 돕는 건 본능일까 아닐까

✏️ 동물은 부모에게 배운다

우리는 부모님에게 많은 것을 배워요. 아빠와 엄마는 밥을 먹고 몸을 씻고 다른 사람과 이야기하는 방법을 알려 줘요. 학교에 들어가기 전까지 한글을 읽고 쓰는 것부터 덧셈과 뺄셈 같은 다양한 공부도 가르쳐 주고요. 사람이 아닌 다른 동물들도 마찬가지예요. 많은 동물의 부모는 아이에게 가장 좋은 선생님이랍니다.

교과서 심화 개념

자손
자손은 수컷과 암컷이 짝을 지어 낳은 다음 세대의 개체를 말해요. 짝을 짓지 않고 번식하는 단세포 생물은 엄밀하게 말해 자손이라고 할 수 없답니다.

교과서 핵심 개념

척추동물
다세포동물은 크게 척추동물과 무척추동물로 나뉘어요. 척추동물은 척추(등뼈)와 척수(등뼈 속을 지나는 신경)를 가진 동물이지요. 어류, 양서류, 파충류, 조류, 포유류가 속한답니다. 무척추동물은 척추와 척수를 갖고 있지 않은 동물이에요.

모든 생명체는 자신의 종족을 지키기 위해서 자손을 낳고 길러요. **자손**을 직접 기르고 보호하기 어려운 동물은 많은 수를 한꺼번에 낳아요. 그럼 그중에 아주 적은 수만 살아남더라도 종족을 이어 갈 수 있으니까요. 거의 모든 무척추동물과 **척추동물** 가운데 어류, 양서류, 파충류가 대부분 이렇게 자손을 낳는답니다.

이 동물들은 직접 알이나 새끼를 기르지 못하는 대신 자손이 잘 자랄 수 있는 환경을 만들어 줘요. 예를 들어 바다거북은 태어난 새끼들이 바다로 쉽게 돌아갈 수 있도록 온도와 습도가 알맞은 해변에 알을 낳고, 쐐기풀나비는 애벌레의 먹이가 되

▲ 알을 깨고 나온 새끼 바다거북은 자신의 힘만으로 바다로 돌아간다.

는 쐐기풀에 알을 낳는답니다. 갓 태어난 새끼들은 이미 스스로 먹이를 찾는 능력이 있기 때문에 새끼 돌보기가 여기서 끝나곤 하지요.

하지만 새끼가 알에서 깨어난 후에도 한동안 새끼를 계속 돌보는 동물들도 있어요. 피파두꺼비는 올챙이가 자라 작은 두꺼비가 될 때까지 자기 등에 난 특별한 공간에서 알을 키워요. 틸라피아 물고기는 수정된 알을 입속에 모아 새끼가 태어날 때까지 보호하지요.

조류나 포유류는 자손을 적게 낳는 대신 부모가 새끼를 직접 훈련시켜요. 다만 생존에 필요한 모든 기술을 부모로부터 배우진 않아요. 태어나는 순간부터 이미 가지고 있는 능력도 있답니다. 예를 들어 새끼 사슴은 태어

세대

생물학에서 이야기하는 세대는 한 개체가 낳은 자손이 자라서 다시 번식할 때까지의 기간을 말해요. 예를 들어 할머니 할아버지와 엄마 아빠 그리고 우리는 각각 세대가 다르지요.

인식

생물이 태어나 주변의 물체가 무엇인지 알고, 주변 환경의 생김새를 받아들이는 과정을 인식이라고 해요. 예를 들어 오리는 태어나 처음 인식한 물체 또는 생물을 어미로 여기는 습성이 있답니다. 이처럼 처음 본 개체를 보호자 같은 존재로 받아들이는 습성을 각인 효과라고 해요.

난 지 겨우 수십 분 만에 엄마의 뒤를 따라 걸을 수 있어요. 물새는 본능적으로 수영을 할 수 있고 날개가 다 자라자마자 즉시 날아오르는 법을 알고 있지요. 이처럼 훈련이 필요하지 않은 기술을 '본능'이라고 불러요. 본능은 먹이 찾기와 번식, 안전, 운동 능력처럼 살아남는 데 꼭 필요한 기본 욕구를 충족하는 역할을 한답니다.

본능만으로는 살아남기가 힘들고 새끼들은 여전히 많은 것을 배워야만 해요. 가장 먼저 배우는 건 엄마와 주변의 다른 물체를 구별하는 일이지요. 엄마는 미숙한 새끼가 살아남는 데 필요한 모든 것을 가르쳐 주는 가장 중요한 존재이기 때문이에요.

하지만 태어나자마자 엄마를 알아보는 능력은 본능이 아니랍니다. 이유는 간단해요. 어떠한 일로 실제 엄마의 외모가 세대 를 거쳐 이어져 온 표준적인 엄마의 모습과 달라졌다면 어떻게 될까요? 이 경우 새끼는 엄마를 찾을 수 없게 되겠지요. 그래서 새끼는 태어날 때 주변 환경, 특히 부모를 예민하게 인식 하고 기억하게 됐어요. 포유류는 갓 태어난 새끼를 핥아서 새끼의 냄새를 기억하는 동시에 새끼에게도 엄마의 피부와 털색, 무늬, 냄새에 적응하고 특징을 익힐 수 있게 해 준답니다. 얼룩말은 새끼가 태어나면 다른 어른 얼룩말을 보지 못하도록 하면서 부모의 생김새를 기억하고 무리에서 부모를 구별할 수 있게 해요.

자연에서는 대부분 **출산** 이나 **부화** 의 순간, 부모가 근처에 있어야 인식이 제대로 일어나지요. 만약 부모가 아닌 다른 동물이 갓 태어난 새끼 곁에 있다면 새끼가 실제 부모를 구별할 수 없게 될 수도 있어요. 예를 들어 새끼 거위는 부화한 뒤 처음 본 물체가 축구공에서 사람 사이의 크기이기만 하면 엄마로 잘못 알고 따라다니기도 하지요. 그러나 정상적인 환경에서는 새끼가 엄마의 모습을 바로 인식하고 부모를 열심히 흉내 내기 시작해요. 이를 통해 새끼는 적을 인식하고 위험에 반응하면서 다른 동족들처럼 먹고 움직이는 법을 빠르게 배울 수 있답니다.

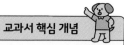

교과서 핵심 개념

출산
포유류는 알이 아닌 새끼를 낳아요. 배 속에서 새끼를 길러 낳는 것을 출산이라고 하지요.

부화
동물이 낳은 알에서 새끼가 깨어나는 것을 부화라고 해요.

서식지
서식지는 생물이 자리를 잡고 살아가는 장소, 또는 그곳의 자연환경 전체를 말해요. 예를 들어 어류의 서식지는 민물과 바다, 양서류의 서식지는 습지 부근이지요. 각 생물은 서식지에서 먹이를 구하고 잠을 자고 짝을 짓고 자손을 낳는답니다.

조금 강해지고 나면 새끼들은 도전과 실패를 통해 주변 세상을 탐험하기 시작해요. 부화한 지 얼마 안 된 새끼 오리들은 본능적으로 주변에 있는 작은 물체를 전부 먹어 보지만, 시간이 지나면 먹이와 먹이가 아닌 것을 구별할 줄 알게 돼요. 미숙한 새끼들이 적극적으로 **서식지** 를 탐험하다가 위험에 빠질 수도 있기 때문에, 이 시기 동안 부모는 새끼 곁에 꼭 붙어 있는 경우가 많답니다. 부모는 직접 시범을 보이면서 새끼를 보호하고 생존 기술을 가르쳐요. 또 놀면서 생존 기술을 잔뜩 배우기도 해요. 몸집이 작은 동물의 새끼들은 모두 빠르게 움직이는 물체를 뒤쫓으며 즐거워하지요. 새끼는 대부분 혼자 놀지 않고 또래나 부모로 구성된 동족 무리와 함께 놀이를 해요. 망아지들은 서로 달리기 시합을 하고 새끼 사자들은

▲ 육식동물들은 무리와 어울리며 사냥을 배운다.

싸움 놀이를 즐겨요. 놀이를 통해 민첩성과 힘, 스스로를 보호하는 능력을 키울 뿐만 아니라 친구들과 무리를 지으며 사회성도 배울 수 있어요.

새끼들이 친구와 적을 대하는 기술을 터득하고 환경에 적응하며 성장하고 나면 부모는 먹이를 구하는 법을 가르치기 시작해요. 초식동물은 새끼에게 독이 있는 식물과 좋은 먹이를 구별하는 법을 가르쳐요. 육식동물은 새끼들을 훌륭한 사냥꾼으로 키워야 해요. 종에 따라 가르치는 사냥법이 각기 다르지만 기본적인 원리는 비슷하답니다. 먼저 부모는 새끼들에게 죽은 먹잇감을 주고 고기를 뜯어 먹도록 해요. 그 후에는 다치거나 움직이지 못하는 동물을 산 채로 데려와요. 시간이 흐르면 새끼들의 사냥 본능이 깨어나고 스스로 잡기 쉬운 먹잇감을 쫓기 시작하지요. 이 훈련법은 가혹해 보일지도 몰라요. 실패하면 굶어야 하거든요.

점점 더 성숙해진 새끼들은 부모를 따라 탐험에 나서고 어른 동족들 사이에서 사냥하는 법을 완벽하게 익히게 되지요. 새끼들은 점차 나이를 먹으면서 부모와 거리를 두다가 스스로 먹이를 구할 정도로 자라고 나면 부모 곁을 완전히 떠나요. 이 과정 역시 중요한 수업이랍니다.

이것만은 꼭 기억하세요

☑ 자손은 수컷과 암컷이 짝을 지어 낳은 개체로 세대는 이 자손이 자라서 다시 번식할 때까지의 기간을 말해요.

☑ 척추와 척수를 가진 척추동물에는 어류, 양서류, 파충류, 조류, 그리고 포유류가 속해요.

☑ 태어날 때부터 이미 알고 있어서 누가 가르쳐 주지 않아도 하는 행동을 본능이라 해요.

동물도 대화를 한다고?

동물들은 어떻게 서로 대화할까요? 말하는 방법을 스스로 깨칠까요, 아니면 부모가 알려 줄까요? 사투리를 쓰거나, 말을 유독 느리게 배우는 동물도 있을까요? 자신과 다른 동물과도 이야기할 수 있을까요? 모든 질문에 대한 답은 어떤 동물에게 물어보느냐에 따라 다르답니다.

교과서 핵심 개념

환경
환경은 하늘, 땅, 바다, 대기, 생태계, 도시 등 우리 주변을 둘러싼 모든 것을 통틀어 일컫는 말이에요. 환경이 변하면 그 안에서 사는 생물의 삶도 함께 변한답니다.

감각
생물은 주변 환경이나 다른 생물이 보내는 신호를 자극으로 받아들여요. 이 과정을 감각이라 하고, 감각을 받아들이는 기관을 감각 기관이라 하지요. 감각은 눈으로 보는 시각, 귀로 듣는 청각, 냄새를 맡는 후각, 맛을 보는 미각, 피부나 몸에 닿는 촉각으로 나뉜답니다.

모든 생물은 다른 생물과 환경, 에너지 그리고 물질을 교환하고 주변에 대한 정보를 공유해요. 그리고 정보 공유는 물질을 교환하는 것보다 훨씬 중요하지요. 자연에서 살아남기 위해서는 내 주변에 무엇이 있는지 알고 누구와 어떤 관계를 유지해야 할지 결정해야 하니까요.

생물은 외부에서 정보를 얻기 위해서 시각이나 청각 같은 감각 을 활용하고, 받은 정보를 전달할 때는 몸짓이나 기호로 의미를 표현해요. 물론 몸짓을 사용하려면 얼굴이나 손 같은 기관도 있어야 하지요. 신호를 서로 이해하려면 규칙이 필요해요. 이것을 '문법'이라고 하지요. 신호와 규칙이 합쳐진 개념을 '언어'라고 부른답니다.

언어라는 개념은 그 범위가 다양해요. 대화를 가능하게 해 주는 수많은 몸짓과 소리를 떠올려 보세요. 언어의 형태는 언어를 사용하는 동물이 누구인지, 그 동물이 무엇을 말하고 싶은지에 따라 달라져요. 예를 들어 동물은 저마다 발달한 감각이 다르기 때문에 언어를 표현하는 방식도 함께 달라질 수 있어요. 사람을 비롯한 **영장류** 는 눈이 좋은 대신 냄새는 잘 맡지 못해요. 반면에 쥐 같은 **설치류** 와 두더지, 고슴도치같이 곤충을 먹는 동물은 대부분 후각이 뛰어나지요. 언어 능력은 각 생명체의 지적 능력에도 영향을 받아요. 언어 능력이 뛰어난 동물들이 어떻게 '말'을 하는지 알아볼까요?

교과서 심화 개념

영장류
영장류는 포유류 가운데 뇌가 가장 발달하고 앞다리를 능숙하게 사용하는 종류예요. 우리 인간을 포함해 침팬지, 오랑우탄, 고릴라 등이 모두 영장류에 속하지요.

설치류
설치류는 포유류 가운데 가장 종이 많은 무리예요. 쥐, 햄스터, 토끼, 기니피그 등은 모두 설치류랍니다. 설치류는 번식을 자주 해서 한 세대가 짧고, 한 번에 여러 마리를 낳기 때문에 실험용 동물로 자주 쓰여요.

우리는 물고기가 조용하다고 생각하고 때로는 멍청하기까지 하다고 여겨요. 이게 사실이라면 거대한 물고기 떼는 어떻게 서로 정보를 나눌 수 있을까요? 정보를 나누는 방법은 종에 따라, 그리고 서식지에 따라 전혀 다르답니다. 하지만 모든 물고기 언어에는 한 가지 공통점이 있어요. 바로 물 때문에 멀리 있는 물체를 보기 힘들어서 대화할 때는 시각 신호를 거의 쓰지 않는다는 점이지요. 물속은 탁해질 때가 많고 빛이 들어오지 못하는 깊은 바닷속은 금방 어두워지니까요.

시각을 마음껏 활용하는 물고기도 있어요. 수컷 흰점박이복어는 암컷을 유혹하기 위해 모래 바닥에 특이한 무늬를 만들어요. 깜깜한 어둠 속에서

▲ 흰점박이복어가 짝짓기 시기에 해저 모래사장에 만드는 무늬

사는 심해어는 몸에서 빛이 나는 '생체발광'을 이용해 불빛으로 대화를 나눈답니다. 다만 흰점박이복어와 심해어의 전달 방식은 물고기 중에서도 특별한 경우예요. 흰점박이복어의 모래 무늬는 만드는 데 시간이 너무 오래 걸려서 짝짓기 시기에만 잠깐 나타난답니다.

물고기는 보통 전기나 소리 신호로 정보를 전달해요. 물고기의 몸 양옆에는 점선처럼 작은 구멍이 한 줄로 늘어선 옆줄이 있는데 이 옆줄에서 신호를 받아들이지요. 옆줄에 있는 민감성 세포들은 물결을 일으켜 물을 움직이는 음파와 전기파를 느낄 수 있어요. 우리가 소리를 듣고 균형을 잡을 수 있게 도와주는 '속귀'와 비슷한 역할을 한답니다.

모든 물고기는 소리를 들을 수 있어요. 우리와 다른 형태지만 말도 할 수 있죠. 하지만 사람처럼 폐와 성대로 소리를 만들지는 않아요. 대신 부레로 소리를 내지요. 부레는 물고기가 헤엄칠 때 물속에서 뜨고 가라앉는 걸 조절해 주는 공기 주머니예요. 호주와 하와이 앞바다의 산호초에 사는 물고기들은 이 부레에 있는 특별한 근육을 쥐어짜 소리를 낼 수 있어요. 부레는 창자와 연결되어 있기 때문에 여기서 만들어진 공기와 소리 신호는 항문으로 나와요. 메기와 비늘돔, 볼락을 비롯한 여러 물고기는 먹이를 먹을 때, 구애를 하거나 알을 낳을 때, 자기 영역을 지키고 싶거나 포식자에게 위협을 받았을 때 '콩콩, 펑, 팅' 하는 소리를 낸답니다.

조류도 소리를 내서 대화해요. 참새목 조류인 '명금류'의 소리가 가장 아름답답니다. 명금류는 모두 기도에 특별한 공간이 있어요. 이 공간은 여러 개의 연골 고리와 진동할 수 있는 막으로 이루어져 있어요. 여기에 특별한 근육이 있어 공기가 이 부분을 지날 때 막을 팽팽하게 당기거나 공간의 크

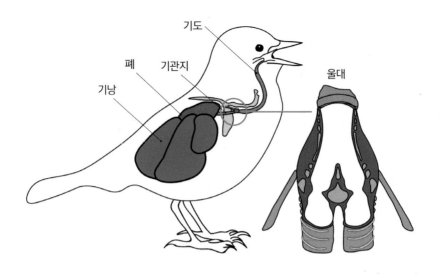

아름다운 노랫소리를 만드는 명금류의 특별한 '울대'

기를 바꾸며 다양한 소리를 내요. 그 덕분에 명금류는 긴 시간 동안 끊기지 않고 노래를 부를 수 있답니다.

명금류가 내는 소리는 아주 다양해요. 암컷을 유혹할 때는 여러 음이 섞인 긴 선율을 노래하고 성가신 이웃을 내쫓을 때는 짧고 불규칙한 울음소리를 내요. 아기 새는 부모의 관심을 얻기 위해 삐삑거리는 소리를 내지요.

새들은 태어난 뒤에 노래를 배우지만, 태어나기도 전에 배우는 경우도 있답니다. 호주의 요정굴뚝새는 아기 새들이 부화하기 전부터 노래를 들려줘요. 알 속에 있는 어린 새들은 이 노래를 반복해 들으면서 기억하게 되지요. 이 노래에는 사실 암호가 숨겨져 있기 때문에, 암호가 들어간 울음소리를 내는 아기 새만 먹이를 먹을 수 있어요. 그래서 뻐꾸기가 요정굴뚝새의 둥지에 몰래 알을 낳고 가도 부화한 새끼 뻐꾸기는 먹이를 먹지 못하고 보살핌도 받지 못해요.

조류는 자세와 행동 같은 시각적 자극도 자주 써요. 종달새와 울새는 특정한 궤적을 그리며 날아다니고 수컷 공작새는 날개와 등에 있는 깃털을 활짝 펼쳐 보여요. 목도리도요와 큰군함새는 피부에 밝은색이 있는 부분을 과시하기도 하지요. 새는 대부분 냄새를 맡지 못하기 때문에 **의사소통**을 할 때 냄새와 관련된 화학 신호는 사용하지 않는답니다.

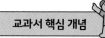

교과서 핵심 개념

의사소통

생물 사이에 생각이나 감정, 뜻을 서로 주고받는 행동을 의사소통이라고 해요. 사람 사이에서뿐만 아니라 사람과 동물, 동물과 동물은 모두 각자 나름의 방법으로 의사소통을 하고 있답니다.

새들은 새의 언어가 아닌 소리도 기억할 수 있어요. 모두 그런 것은 아니고 '똑똑한 새'들만 가능하지요. 구관조, 유럽찌르레기, 흉내지빠귀류, 서양갈까마귀, 뿔까마귀 모두 그런 친구랍니다. 보통 말을 하는 새들이 쓸 수 있는 다른 '언어'는 단어 열 가지에서 스무 가지 정도예요. 앵무새도 마찬가지고요. 앵무새는 우리와 비슷하게 두툼한 혀를 가지고 있어서 사람의 말을 조금 따라 할 수 있어요. 암컷보다 수컷이 말을 더 잘하는 편이지요. 하지만 문장 구조에 따라 단어를 바꿔서 사용하는 앵무새는 거의 없어요. 그래서 엄밀히 말하면 앵무새가 사람과 똑같이 말한다고 할 수는 없답니다.

이것만은 꼭 기억하세요

☑ 생물은 시각, 청각, 후각, 미각, 촉각과 같은 감각을 활용해 외부 정보를 받아들여요.

☑ 생각이나 감정, 뜻을 서로 주고받는 행동을 의사소통이라고 해요.

☑ 물고기의 전기 신호, 새의 울음소리나 몸짓처럼 생물의 종류에 따라 쓰는 언어도 달라요.

남을 돕는 건 본능일까 아닐까

사람은 다른 사람을 먼저 생각하고 행동할 수 있어요. 이런 행동을 이타적 행동이라고 하지요. 그렇다면 동물도 다른 동물을 생각해서 이타적으로 행동할 수 있을까요? 반대로, 자신이 살아남기 위해 다른 동물을 외면하는 행동을 이기적이라고 해도 될까요? 동물의 이타성을 알아봐요.

결론부터 말하자면 동물도 사람의 눈에 이타적으로 '보이는' 행동을 해요. 심지어 꽤 자주 한답니다. 어떻게 이런 일이 가능할까요?

동물의 이타적 행동은 쉽게 말해 '살아남는 데 필요한 것을 남을 위해 포기하는 행동'이에요. 거친 세상에서 살아남으려면 무리를 이루는 편이 좋아요. 적을 피해 먹이를 얻고 자손을 지키기 위한 가장 쉬운 방법이 바로 무리를 짓는 거니까요. 예를 들어 하이에나는 혼자 사냥할 때보다 함께 사냥할 때 사냥감을 훨씬 더 많이 잡을 수 있어요. 잡은 사냥물을 함께 나눠야 하는 건 단점이지만, 무리를 이뤄 살기 위해서는 남을 배려해야만 하지요.

동물의 이타적 행동은 부모 자식 사이에서 가장 흔히 볼 수 있어요. 하지만 무리 생활을 하는 동물들은 자기 자식이 아닌 다른 구성원들에게도 이타적으로 행동한답니다. 새는 천적을 보면 큰 소리로 울어 다른 새들에게 위험을 알려요. 이렇게 큰 소리로 우는 건 위험해요. 그 소리를 들은 적에게

▲ 새는 천적이 오면 큰 소리로 울어 동료들에게 위험을 알린다.

교과서 심화 개념

두뇌

두뇌 또는 뇌는 외부와 내부의 정보를 주고받는 신경이 가장 많이 모인 곳이에요. 뇌가 발달할수록 많은 정보를 한꺼번에 다뤄 똑똑하게 행동할 수 있지요. 척추가 있는 척추동물은 모두 뇌를 갖고 있어요. 어류와 양서류, 파충류의 뇌보다 조류와 포유류의 뇌가 더 발달했습니다. 우리 인간은 동물 가운데 뇌가 가장 크고 복잡하기 때문에 누구보다 많은 정보를 받아들이고 처리할 수 있어요.

잡아먹힐 수도 있거든요. 자신이 잡아먹히더라도 무리의 다른 친구들을 위해 위험을 무릅쓰는 행동이니 이타적 행동이라 할 수 있지요.

이타적 행동은 아무 생각 없이 설렁설렁 할 수 있는 게 아니에요. 적을 쏘고 나서 죽는 꿀벌이나 다른 버섯들이 양분을 얻을 수 있도록 스스로 죽음을 택하는 버섯처럼, 어떨 땐 목숨까지 바쳐야 하지요. 털에 붙은 벌레를 서로 떼어 주는 원숭이들처럼 소중한 시간을 써야 할 때도 있고요. 털 고르기는 큰일이 아닌 것처럼 보이겠지만, 사실은 먹이를 찾아다닐 귀중한 시간을 남을 위해 쓰는 거랍니다.

그런데 사실 동물의 이타적 행동을 자세히 따져 보면 모두 그렇게 행동하는 이유가 있답니다. 부모 자식 사이가 아니라면, 피가 섞이지 않은 남에게 아무 이유 없이 잘해 주는 동물은 없어요. 어쩌면 인간은 예외일 수도 있지만요. 남에게 베푸는 친절은 '내게도 이득이 될까?'라는 질문의 답에 따라 달라진답니다. "가는 정이 있어야 오는 정이 있다"라는 속담처럼 내가 너를 도우면 너도 나를 도와야 한다는 '상부상조'의 원칙에 따르는 거예요.

하지만 상부상조 관계에는 위험이 따라요. 내가 베푼 친절을 상대방이 갚지 않는다면 어떻게 해야 할까요? 내가 준 먹이를 받아먹고는 내게 먹이를 나눠 주지 않으면 귀한 먹이만 낭비하는 셈이지요. 그래서 상부상조는 조류나 포유류같이 **두뇌** 가 어느 정도 발달한 동물 사이에서만 나타나요. 상부상조하려면 신경 써야 할 일이 많거든요. 예전에 만났던 적이 있는지

부터 믿을 만한 동료인지 아니면 배신자인지까지 기억해야만 해요. 배신자에게 다시 도움을 줄 필요는 없으니까요. 이런 계산 없이 이타적 행동만 한다면 곧 사기꾼에게 둘러싸일 거예요.

먹이를 빨리 찾고 잘 싸우는 동물일수록 자손을 많이 남길 수 있답니다. 자연에서는 한 동물이 자손을 많이 남긴 동물에게 먹이와 땅을 빼앗기고 결국 사라지는 모습을 흔히 볼 수 있어요. 자연은 잘 적응한 동물들만 살아남을 수 있는 곳이거든요. 결국 종족을 보존하기 위해서는 많은 자손을 남기는 편이 유리하지요. 이 사실을 생각하면 이타주의자는 무척이나 불리해보여요. '착한' 이타주의자들이 남을 대신해 적에게 잡아먹히는 동안 살아남은 이기주의자들은 자손을 더 많이 남길 테니까요.

그렇다면 이타주의자는 어떻게 계속 자손을 남길 수 있었을까요? 과학자들은 이타적 행동을 하게 만드는 '이타주의 유전자'가 있다고 믿어요. 털색이나 발톱 길이를 결정하는 유전자가 있는 것처럼 시간이 흐르면서 이타적 행동을 하게 하는 유전자도 나타나게 됐다는 거예요. 이 '이타주의 유전자'를 가지고 있으면 이타주의자로 태어나요. 그리고 동물 무리 전체에는 같은 이타주의 유전자가 여러 개 있어요.

유전자는 오로지 자신의 '목적'을 위해 움직여요. 유전자의 목적은 자신을 닮은 유전자가 다음 세대로 더 많이 전달되도록 하는 거랍니다. 다음 세대로 전달되지 않으면 사라지고 말 테니까요. 유전자는 이 목적에 도움이 된다면 자신과 닮은 유전자 몇 개를 희생하는 일도 마다하지 않아요. 그래서 이타적 유전자를 가진 동물은 자식을 남길 기회를 줄이면서까지 이타적 행동을 하게 된답니다.

교과서 심화 개념

인류

우리 인간은 현생 인류라고 불려
요. 지금 살고 있는 인류라는 뜻이
랍니다. 반대로 현생 인류 이전에
살았고 지금은 화석으로만 남아
있는 인류를 고대 인류, 또는 고인
류라고 해요. 약 330만 년 전부터
지구에 살았던 고인류는 서로 경쟁
하면서 진화를 거쳐 지금의 현생
인류가 됐어요. 고인류에는 오스트
랄로피테쿠스, 호모 에렉투스, 호
모 네안데르탈렌시스 같은 여러 종
이 있답니다.

교과서 핵심 개념

화석

화석은 오래전에 살았던 생물의
몸이나 흔적이에요. 대부분 지층의
암석에서 찾을 수 있지만, 빙하나
호박 속에 갇힌 채 발견되는 생물
도 있어요. 공룡 발자국이나 지렁
이가 기어간 흔적, 모래사장에 새
겨진 물의 흐름 등 여러 흔적도 화
석으로 남을 수 있답니다.

유전자는 자신을 가진 동물이 자손을 남기는
일에는 관심이 없어요. 자신과 닮은 유전자를 가
진 동물은 무리 내에 많이 있으니까요. 한 마리의
희생으로 다른 동물이 자손을 더 많이 남길 수 있
다면 자신을 닮은 유전자가 살아남을 가능성은 더
높아지는 셈이거든요. 유전자는 유전자를 가진 동
물이 아닌 자신의 이익만을 좇는답니다.

그럼 우리 **인류** 는 어떨까요? 우리가 **화석** 으
로 확인할 수 있는 가장 오래된 이타주의적 인류
는 약 170만 년 전에 지구에 나타났어요. 이가 다
빠진 늙은 여성의 뼈를 발견한 과학자들은 이 여
성이 오랫동안 가족의 보살핌을 받으며 살았을 것
으로 생각해요. 늙고 병든 이에게 음식을 나눠 주
는 건 무척 이타적인 행동이랍니다. 다른 동물에게
선 잘 찾아볼 수 없을 정도예요. 어쩌면 이런 이타
주의는 고대 인류가 현대인으로 진화하기 시작했
음을 보여 주는 증거일 수도 있어요.

사람들은 아무 대가도 바라지 않고 기부나 후
원을 하고 아프거나 가난한 사람을 돕고 모르는 사람을 동정해요. 이건 유
전자가 시키는 일이 아니지요. 진화를 통해 유전자가 아닌 자신의 의지에
따라 살 수 있게 된 거예요. '이유 없는 선행'이야말로 인간만이 할 수 있는
행동인 셈이지요.

▲ 고대 유적에서 발견된 인류의 유골

동물 세계의 이타주의는 인간의 이타주의와 근본적으로 달라요. 인간의 이타주의는 무엇을 한다는 의식을 가지고 하는 행동이지만, 동물의 이타주의는 본능에 따른 행동이에요. 그래서 이타적 행동을 하는 동물은 '착하고' 이기적 행동을 하는 동물은 '나쁘다'고 말할 수는 없답니다.

이것만은 꼭 기억하세요

☑ 상부상조는 조류나 포유류같이 두뇌가 발달한 동물에게만 나타나는 특징이에요.

☑ 화석은 과거 생물의 사체나 흔적이 퇴적물과 함께 보존된 것으로, 약 330만 년 전부터 지구에 살았던 고인류 역시 화석으로 남아 있어요.

☑ 인간은 수십만 년 전부터 이타적인 목적을 가지고 행동해 온 거의 유일한 동물이에요.

남을 돕는 건 본능일까 아닐까

중 1   Ⅲ. 생물의 다양성

중 2   Ⅳ. 식물과 에너지

예습

과학 교과서 정복하기

복습

초 4-1   식물의 한살이

초 4-2   식물의 생활

초 6-1   식물의 구조와 기능

3장

알고 보면 놀라운
식물의 세계

작지만 강한 포자와 꽃가루

식물이 뿜는 신호를 잡아라!

식물, 어디까지 알고 있니?

작지만 강한 포자와 꽃가루

식물은 다른 생물보다 훨씬 오래 살아요. 때로는 사는 동안 겪은 일이 식물에 흔적을 남기기도 하지요. 그런데 놀랍게도 지구의 과거와 당시 환경의 흔적이 가장 잘 남는 부분은 커다란 나무 기둥이나 마른 과일의 단단한 껍질이 아니에요. 바로 아주 작은 꽃가루랍니다.

교과서 핵심 개념

생식세포

생식세포는 생물이 번식할 때 자손을 이루는 세포예요. 사람으로 치면 남성의 정자와 여성의 난자가 바로 생식세포에 해당하지요. 식물은 꽃가루 안에 남성 생식세포가, 암술 안에 여성 생식세포가 들어 있답니다.

수술과 암술

식물의 꽃을 한번 살펴보세요. 큰 암술 하나를 여러 개의 수술이 둘러싸고 있을 거예요. 수술은 남성 생식세포를 품은 꽃가루를 만들어요. 그리고 암술은 속씨식물의 씨방이나 겉씨식물의 밑씨와 연결되어 나중에 씨앗과 열매를 맺지요.

꽃가루는 꽃을 피우고 열매를 맺는 식물의 '남성' 쪽 생식세포 를 담는 그릇이에요. 동물의 정자와 같은 역할을 하지요. 수술 (또는 수꽃)의 꽃가루가 암술 (또는 암꽃)의 끈적끈적한 머리에 붙으면 수정이 일어나고 씨앗과 열매가 자라기 시작해요. 꽃가루는 곤충에 붙거나 물, 바람을 타고 이동하기 쉽도록 크기가 아주 작아요. 현미경 없이는 볼 수 없을 정도지요. 하지만 형태는 매우 다양하답니다.

꽃가루가 오랜 시간을 버티는 비결은 꽃가루를 둘러싼 '스포로폴레닌'이라는 물질 때문이에요. 스포로폴레닌은 다른 무엇과도 반응하지 않고 분해하기도 어려워서 무엇으로 이루어졌는지 오랫동안 밝혀지지 않았어요. 그러나 시간이 지나면서 과학자들은 스포로폴레닌이 여러 종류의 고분자 유기 물질로 이뤄졌다는 걸 알아냈어요. 이 스포로폴레닌 껍질은 수백만 년이 지나도 변하지 않고 꽃가루의 생명을 지켜요. 가장 오래된 종자식물의 꽃가루도 지금까지 살아 있답니다.

스포로폴레닌은 꽃가루뿐만 아니라 포자에도 있어요. 양치식물, 쇠뜨기, 이끼의 포자와 속씨식물 , 겉씨식물 의 꽃가루는 지질학, 고생물학, 고고학, 범죄학에서 아주 중요한 증거로 쓰인답니다. 쉽게 말해 과거를 연구하는 학문에는 모두 도움이 되는 거지요.

꽃가루의 모양과 크기를 보면 어떤 식물의 꽃가루인지 알 수 있어요. 사실 식물의 여러 부분은 놀라울 정도로 쉽게 바뀌어요. 예를 들어 같은 나무에서도 위쪽 가지와 아래쪽 가지에 난 잎은 빛이나 물을 얼마나 받는지에 따라 모양이 많이 달라져요. 하지만 꽃가루는 그렇지 않아요. 같은 종이나 가까운 친척 관계라면 거의 모든 꽃가루는 모양과 크기가 비슷한 데다 변하지도 않는답니다. 즉 식물의 꽃가루 모양을 알고 있으면 그 지역에서 살았는지, 지금은 어떤 식물이 사는지 알 수 있다는 뜻이지요.

교과서 심화 개념

고분자

분자는 물질의 성질을 갖는 가장 작은 입자예요. 종류마다 크기나 무게가 서로 다른데, 그중에서도 특히 무겁고 커다란 분자가 있어요. 이런 거대한 분자들이 모여서 만들어진 물질을 고분자 물질이라고 한답니다. 플라스틱, 단백질, 고무, 섬유소는 모두 고분자 물질이에요.

교과서 핵심 개념

속씨식물

꽃을 피우고 열매를 맺는 식물은 크게 두 종류로 나뉘어요. 속씨식물은 나중에 씨앗으로 자라날 밑씨가 씨방에 들어 있고, 씨방이 자라 열매가 되는 식물이에요. 아름다운 꽃을 피우고 맛있는 열매가 달리는 풀이나 나무는 대부분 속씨식물이랍니다.

겉씨식물

겉씨식물은 씨방 없이 밑씨가 밖에 드러나 있는 식물이에요. 소나무나 전나무 같은 침엽수는 대부분 겉씨식물에 속한답니다.

민꽃식물(은화식물)	꽃식물(현화식물)
이끼	겉씨식물
석송	
쇠뜨기	속씨식물
양치식물	

▲ 포자를 만드는 식물(왼쪽)과 꽃가루를 만드는 식물(오른쪽)

식물의 잎, 줄기, 꽃, 뿌리는 종류마다 생김새와 크기가 달라요. 만약 지금도 살고 있는 식물이라면 우리 눈에 보이는 부분만 봐도 종류나 특징을 알 수 있지요. 한 지역에 사는 식물의 종류를 확인하기 위해 굳이 꽃가루까지 수집해 연구할 필요는 없답니다. 그래서 꽃가루를 연구하는 학문인 '화분학'은 과거에 살았던 식물의 다양성을 연구하는 데 더 많이 쓰여요. 화석으로 남은 꽃가루를 관찰하고 비교해 과거의 환경을 복원하는 거지요.

수많은 포자와 꽃가루가 한 식물에서 다른 식물로 이동하는 도중에 사라져요. 땅이나 물웅덩이에 떨어지기도 하고 호수나 강바닥에 가라앉기도 하지요. 생물은 죽고, 강이나 호수의 물은 증발해서 말라요. 그 위에 돌과 흙이 쌓이면서 점점 더 땅속 깊이 파묻히지요. 함께 있던 포자와 꽃가루도 같이 묻혀요. 수천 수백만 년이 흘러서 지층 이 쌓이면 그 안에서 시대별로 각각 굳어진 독특한 포자나 꽃가루를 볼 수 있어요. 특정 지역에 사는 식물의 구성은 시대에 따라 달라져요. 과거의 어느 시점에 어떤 식물이 살았는지, 또는 살지 않았는지 알면 세계 여러 곳에 있는 지층의 연대 를 비교할 수 있답니다.

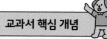

교과서 핵심 개념

지층

흙, 암석 조각, 모래, 화산재, 생물의 사체 등이 샌드위치처럼 층층이 쌓여 단단하게 굳은 것을 지층이라고 해요. 지층은 보통 강이나 바다의 밑바닥에서 만들어지지만, 가끔 땅 위에 쌓이기도 한답니다. 지층에는 생물의 화석이 들어 있는 경우가 많아요.

교과서 심화 개념

연대

시간의 순서 또는 지나온 시간을 연대라고 불러요. 우리가 흔히 쓰는 고생대, 중생대, 신생대는 지질 시대를 일정한 연대로 나눈 덩어리의 이름이랍니다.

포자와 꽃가루는 사람이 만든 물건에도 붙어서 오랫동안 남아 있어요. 유물을 발굴하는 과정에서 나오는 항아리, 보석, 무기, 옷에서는 과거에 살았던 식물의 흔적이 발견된답니다. 그래서 화분학을 연구하는 과학자는 고고학 분야에서도 할 일이 많아요. 특정 부족이나 지역과 관련된 식물종이 무엇인지, 그중에서도 어떤 식물이 특히 많았는지 알아낼 수 있지요. 예를 들어 곡물이 거의 자라지 않는 지역에서 나온 항아리에 밀의 꽃가루가 남아 있다면, 예전에 항아리 주인이 밀을 키웠다는 증거가 되지요.

꽃가루는 유물의 나이도 알려 줄 수 있어요. 예를 들어 진시황의 무덤에서 발견된 병마용이 언제, 어디서 만들어졌는지 포자와 꽃가루 분석으로 알아냈답니다. 진시황이라 부르는 진의 첫 황제는 약 2,200년 전 사람이에요. 흙으로 빚어 가마에서 구워 낸 병사와 말, 전차 조각상은 진시황이 죽은 뒤 무덤에 같이 묻혔지요. 하지만 어디서 조각상들을 만들었는지는 알 수 없었어요. 조각상을 구운 가마가 남아 있지 않았거든요.

2007년에 중국 과학 아카데미의 고생물학자들이 병사와 말 조각상의 파편을 산성 용액에 녹여서 꽃가루만 모았어요. 그리고 이 꽃가루를 현미경으로 관찰했지요. 말 조각상에서 나온 꽃가루는 대부분 무덤 근처에 사는 나무의 꽃가루였어요. 하지만 병사 조각상에서 나온 꽃가루는 그 지역에서는 볼 수 없는 약초의 꽃가루였지요. 그래서 과학자들은 병사 조각상이 다른 지역에서 만들어졌다고 생각했어요. 병사 조각상을 만든 점토도 그 지역에서 나오는 점토가 아니었답니다. 반면에 병사보다 훨씬 무거운 말 조각상은 무덤 근처의 마을에서 만들어졌을 거예요. 먼 곳에서 만들었

▲ 진시황의 무덤에서 나온 거대한 말 조각상

♦ ——————————— 3장 알고 보면 놀라운 식물의 세계

다면 너무 무거워서 무덤까지 옮기지 못했을 테니까요.

포자와 꽃가루는 범죄학자도 도울 수 있어요. 예를 들어 범죄자는 범죄 현장에서 달아나면서 식물의 꽃가루를 몸에 묻힐 수 있어요. 만약 범죄자가 도망간 지역에 그 식물이 살지 않는다면 그 사람이 범죄를 저질렀다는 사실을 밝혀낼 수 있답니다.

실제로 2000년대 초 뉴질랜드에서 강도 사건이 일어났어요. 강도 두 명이 범죄 현장에 겉옷을 떨어뜨리고 도망쳤다가 한 명이 옷을 가지러 돌아왔지요. 하지만 달아나면서 문밖에 있는 망종화라는 꽃에 부딪혔어요. 이때 범인의 옷에 꽃가루가 가득 붙었어요. 30년 동안 포자와 꽃가루를 분석해 범인을 잡아 온 뉴질랜드 경찰조차 그렇게 많은 양을 본 적이 없었을 정도랍니다. 이 증거 덕분에 강도를 잡을 수 있었지요.

화분학은 꿀이 진짜인지 확인할 때도 쓰여요. 꿀에는 꽃가루가 들어 있어요. 벌이 꽃에서 꿀을 빨 때 벌의 몸에 꽃가루가 달라붙으니까요. 그래서 꿀에 있는 꽃가루 성분을 분석하면 벌이 꽃에서 모은 진짜 꿀인지, 아니면 설탕물로 만든 가짜 꿀인지 알아낼 수 있지요. 실제로 화분학에는 꿀 속에 있는 꽃가루를 분석하는 분야도 있답니다.

이것만은 꼭 기억하세요

☑ 식물의 꽃가루와 암술에는 자손을 만들어 유전 정보를 전달하는 생식세포가 들어 있어요.

☑ 스포로폴레닌이라는 물질 덕분에 꽃가루와 포자는 타임캡슐처럼 오래도록 보존돼요.

☑ 화석으로 남은 꽃가루는 과거의 환경을 복원하고 지층의 연대를 비교하는 데 쓰여요.

🖊 식물이 뿜는 신호를 잡아라!

오랜 세월 동안 사람들은 식물이 서로 신호를 보낼 수 있다는 사실을 상상조차 하지 못했어요. 하지만 과학자들은 식물도 동물처럼 여러 가지 방법으로 의사소통한다는 사실을 알아냈답니다. 식물이 어떻게 정보를 교환하는지 살펴볼까요?

?!

동물은 위험할 때 몸을 움직여 도망칠 수 있지만 식물은 다른 곳으로 몸을 옮길 수 없어요. 대신에 몸을 이루는 여러 부분의 위치를 바꿀 수는 있지요. 식물은 잎사귀나 가지 일부를 움직여 상처를 되도록 적게 입어요. 때로는 움직일 필요도 없이 위험에 대비하는 것만으로 충분한 경우도 있어요. 예를 들어 나비 애벌레가 어떤 식물의 잎사귀를 먹으려 한다면, 그 잎사귀는 식물의 다른 부위로 신호를 보내 방충제나 독성 물질을 분비해서 애벌레를 쫓아내도록 해요.

바깥 환경이 모두 위험한 건 아니에요. 만약 뿌리 하나가 우연히 물줄기에 닿았을 때 이웃 뿌리들에게 이 물줄기에 대한 정보를 알려 준다면 뿌리 전체가 올바른 방향으로 뻗어 나갈 수 있을 거예요. **광합성** 이 일어나는 식물 기관은 서로 방해하지 않으면서 고루 빛을 받아야 하기 때문에 서로 협동해요. 그러려면 세포끼리 정보를 주고받아야 하지요.

광합성은 햇빛과 물을 이용해 무기물에서 유기물을 만들어 내는 반응이에요. 빛은 물을 산소와 수소로 분해해요. 이때 산소는 식물 밖으로 나오고 수소를 이루는 입자는 다시 광합성 반응을 일으키는 역할을 하지요. 물은 끊임없이 보충해 주어야 해요. 그래서 식물은 잎 표면으로 쓰고 남은 물을 내보내면서 뿌리에서 물을 새로 빨아올려요. 그리고 전달 조직을 통해 식물의 다른 기관으로 보내주지요.

전달 조직은 물관 과 체관 으로 나눌 수 있어요. 물관부는 뿌리에서 물을 빨아들여 줄기와 잎, 꽃 등 다른 부분으로 보내요. 체관부는 식물의 녹색 부분에서 광합성이 일어나지 않는 부분으로 물

교과서 핵심 개념

광합성

식물은 햇빛의 힘으로 물과 이산화탄소를 합쳐서 산소와 탄수화물을 만들어요. 이 과정을 광합성이라고 하지요. 식물이 녹색을 띠게 만드는 엽록소 안에는 광합성을 하는 엽록체라는 기관이 있답니다. 원생생물 중에는 유글레나처럼 식물은 아니지만 엽록체가 있어서 광합성을 할 수 있는 종류도 있어요.

물관과 체관

식물의 줄기와 잎, 뿌리에는 물과 영양분을 운반하는 통로가 있어요. 물은 물관, 영양분은 체관을 따라 흐르지요. 물관과 체관을 합쳐서 '관다발'이라고 해요.

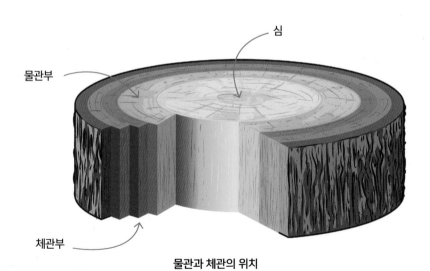

심

물관부

체관부

물관과 체관의 위치

교과서 심화 개념

이온

원자는 양성자와 중성자, 전자로 이뤄져 있어요. 양의 전하를 띠는 양성자와 전하가 없는 중성자는 모여서 원자핵을 이루고, 음의 전하를 띠는 전자가 그 주변을 돌고 있지요. 양성자와 전자의 수가 같기 때문에 원자는 중성을 띠어요. 이때 전자가 늘어서 음의 전하를 띠는 원자를 음이온, 전자가 줄어서 양의 전하를 띠는 원자를 양이온이라고 합니다.

호르몬

호르몬은 생물의 몸속 기능을 정상적으로 유지해 주고 성장을 도우면서 여러 가지 생리 현상을 조절하는 물질이에요. 동물과 식물 모두 각각 몸속에서 필요한 호르몬을 만들어 낸답니다. 사람의 경우, 목에 있는 갑상샘에서 호르몬을 만들어요.

질을 보낸답니다. 무기물은 물관부를 통해 흐르는 물에 주로 녹아 있고, 광합성으로 만들어진 유기물은 대부분 체관부에 흐르는 액체에 들어 있어요.

다른 생물의 몸에 붙어 살아가는 기생충은 체관부를 파먹으며 식물의 영양분을 빼앗아요. 이 과정에서 체관부의 수압이 줄어들어요. 그러면 전용 통신로를 통해 흐르는 수압 신호도 줄어들기 때문에 식물의 다른 부분이 체관부의 위험을 알 수 있게 된답니다. 마찬가지로 물관부의 수압도 변할 수 있어요. 물이 많으면 높아지고 너무 마르면 떨어지지요.

나무는 세포 사이의 전기 신호를 이용해 줄기와 잎의 변화를 알아내요. 전기 신호가 오가는 통로는 겉에 있는 막이 늘어나면 열리고 다시 압력이 떨어지면 닫혀요. 통로가 열리면 전하를 가진 **이온** 이 들어가요. 들어가고 나오며 흐르는 이온의 방향은 세포 안에 있는 이온의 농도에 따라 달라지지요. 이온의 이동 방향이 바뀌면 수압 신호가 흐르는 전용 통신로의 세포들도 반응하면서 전기 신호를 조절한답니다.

호르몬 도 전기 신호와 더불어 식물세포 사이에 정보를 전달하고 조절해요. 여러 식물 호르몬은 다양한 식물 부위의 성장을 북돋아요. 옥신은 식물의 성장판이라 할 수 있는 생장점을 자극해 뿌리와 가지가 뻗어 자라게

▲ 미모사는 자극을 받으면 잎을 오므린다. 이 반응은 세포 속 이온의 이동 때문에 일어난다.

만들어요. 반대로 시토키닌은 뿌리의 성장을 늦추는 동시에 가지가 갈라지도록 도와줘요.

지베렐린은 씨앗의 발아 와 꽃이 피는 개화를 촉진하고, 씨앗에 축적되는 아브시스산은 겨울에도 씨앗이 생명을 유지할 수 있도록 도와준답니다. 아브시스산은 낮은 온도에서 점점 파괴되기 때문에 봄에는 아브시스산이 모두 사라져 싹이 자라게 되지요.

식물 호르몬은 외부 환경의 변화에 따라 식물의 반응을 조절하는 역할을 하기도 해요. 대표적으로 살리실산과 재스몬산이 있지요. 살리실산은 버

교과서 핵심 개념

발아

발아는 씨앗에서 뿌리와 새싹이 나오는 과정이에요. 발아한 싹은 씨앗에 있는 영양분을 쓰다가 차츰 흙 속의 물을 빨아들이고 광합성을 하며 직접 영양분을 만들지요.

교과서 심화 개념

1%

휘발성

액체가 기체로 변하는 것을 기화라고 해요. 표면에서 분자가 떨어져 나오기 쉬운 탓에, 우리가 생활하는 온도인 상온에서 스스로 기화하는 성질을 휘발성이라고 한답니다. 휘발성 물질은 알코올이나 벤젠같이 독특한 냄새가 나는 경우가 많아요.

드나무 껍질에서 처음 발견됐어요. 우리가 잘 아는 해열제인 아스피린의 원료이기도 하답니다. 살리실산은 식물이 스트레스를 받으면 늘어나서 식물을 보호해요. 재스몬산은 살리실산과 마찬가지로 외부 환경이 식물에 해를 끼칠 때 늘어나요. 상처를 치료하고 식물이 시드는 과정을 조절하지요.

한 식물을 이루는 세포들은 이런 식으로 정보를 주고받아요. 그렇다면 식물끼리 서로 대화를 나누는 일은 없을까요? 1980년대 과학자들은 이웃 나무가 기생충에 감염됐을 경우 건강한 버드나무와 포플러나무, 루브럼단풍이 해충을 쫓는 물질을 열심히 내뿜는다는 사실을 알아냈어요. 심지어 이 나무들은 뿌리나 몸통, 줄기 끝이 서로 연결되어 있지도 않았답니다. 지금은 많은 식물학자가 식물들이 **휘발성** 물질을 이용해 신호를 교환한다는 사실을 인정하고 있어요. 휘발성 물질은 식물의 바깥층이 망가질 때 나와서 식물 주변의 공기 중으로 수십 미터까지 퍼진답니다.

국화과 식물인 쓴쑥은 메뚜기가 자신을 갉아 먹을 때 메틸재스모네이트라는 물질을 만들어 내요. 메틸재스모네이트는 이웃 식물들에게 신호를 보내지요. 신호를 받은 이웃 식물들은 잎과 줄기에서 메뚜기가 싫어하는 물질을 내뿜어요. 놀랍게도 쓴쑥은 같은 종의 식물들뿐만 아니라 담배와 같은 다른 식물에게까지 신호를 보내 몸을 지키게 돕는답니다.

해충끼리 서로 싸우게 만드는 식물도 있어요. 그러기 위해서 식물은 동물과도 대화할 수 있어야 해요. 예를 들어 옥수수는 거염벌레에게 공격을 받으면 곤충의 소화계에서 나오는 볼리시틴이라는 물질을 알아채요. 그 순간부터 옥수수는 기생벌을 유혹하는 물질을 분비하기 시작해요. 기생벌은 거염벌레의 몸에 알을 낳고, 알에서 태어난 유충은 몸 안쪽에서부터 거염벌레를 잡아먹지요. 애벌레에게는 잔인하지만 옥수수에게는 생존 전략이랍니다.

식물들이 실제로는 서로 협력하지 않는다는 의견도 있어요. 식물이 위험에 빠지면 그 자리에서 먼 부위로 휘발성 물질을 분비하는데 이 신호를 다른 식물들이 단순히 '엿듣는다'라는 가능성 때문이지요. 식물의 신호를 실제로 누가 사용하는가는 언젠가 밝혀낼 의문으로 남았어요.

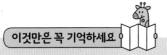

이것만은 꼭 기억하세요

☑ 식물의 엽록체는 빛에너지를 이용한 광합성이 일어나는 장소예요.

☑ 물이 흐르는 물관과 광합성으로 만든 영양분이 흐르는 체관을 합쳐 관다발이라고 해요.

☑ 세포 사이에 정보를 전달하고 반응을 조절하는 식물 호르몬으로는 식물이 자라나게 하는 옥신이 있어요.

식물, 어디까지 알고 있니?

식물에게 좋은 말을 해 주면 더 잘 자라고, 욕을 하면 시든다는 이야기를 들은 적이 있나요? 가지치기를 하면 식물이 더 잘 자란다거나, 모니터 위 선인장이 전자파를 흡수한다는 이야기는요? 사람들이 신짜처럼 믿고 있는 식물의 능력을 과학적으로 파헤쳐 봐요.

교과서 핵심 개념

진동

진동은 물체가 떨리는 것을 말해요. 한 곳에서 생겨난 진동이 사방으로 퍼져 나가며 전달되는 현상은 파동이라고 하지요.

식물은 소리를 인식하긴 해도 단어의 뜻을 이해하거나 의식하지 못해요. 소리는 **진동** 이에요. 바람이 부는 것과 같은 원리로 공기가 떨리며 이동하는 거지요. 다만 목소리나 음악은 바람보다 공기가 훨씬 빠르게 진동한 것일 뿐이랍니다.

식물에게 전달되는 소리가 식물의 성장이나 반응을 끌어내는 신호라면 소리는 식물의 삶에 도움이 될 거예요. 실제로 자연에서 나는 소리들은 비나 꽃가루 매개자, 기생충이 다가온다는 신호가 될 수 있지요. 식물세포는 이러한 소리에 반응해요. 하지만 인간이 말에 담은 의미는 식물에게 통하지 않지요. 결국 식물과 대화를 하거나 어떤 특별한 소리를 들려주는 행동은 전혀 의미가 없어요.

그럼 식물도 감정을 느낄까요? 식물은 다양한 신호를 인식하고 반응할 수 있는 세포 구조가 있어요. '감정'이라는 단어의 뜻을 이렇게 이해한다면 식물에게 감정이 있다고 말할 수도 있을 거예요. 하지만 식물은 신경세포 를 가지고 있지 않아요. 그래서 특정 사건에 반응해 어떤 감정을 느껴야 할지 지시해 줄 의식이 없답니다. 그런 의미에서 식물은 절대 감정을 느끼지 못해요.

그 대신 빛과 진동, 압력, 물질을 느낄 뿐만 아니라 위와 아래를 구별할 수 있어요. 식물의 뿌리는 땅속 깊이 내려가고 싹은 뿌리 반대쪽으로 자라요. 식물이 자기장 을 느낄 수 있다는 연구 결과도 있어요. 자기장이 지구 자기장 보다 약하면 씨앗이 더 많이 발아하고 자기장이 강하면 발아하는 비율이 줄어들어요. 하지만 식물에 따라 반응이 다를 수 있답니다.

언어나 감정은 이해하지 못하지만, 식물이 서로 '전쟁'을 벌이는 경우는 있어요. 물론 사람처럼 의도를 갖고 미워하는 건 아니에요. 대신에 신호 물질을 분비해 같은 종의 이웃 식물, 때로는 다른 종에까지 영향을 준답니다. 이 능력을 '타감 작용' 이라고 부르지요.

신호 물질은 흙에 떨어지거나 공기 중으로 퍼져요. 물에 녹기도 하지

교과서 핵심 개념

신경세포

신경세포는 몸이 받아들인 자극이나 뇌가 내리는 명령을 몸 곳곳으로 전달하고 반응하게 하는 세포를 말해요. 우리가 생각하고 기억하고 행동하고 감각을 느끼는 모든 과정은 신경세포를 따라 일어나지요. 특히 뇌와 척수에 신경세포가 많이 모여 있답니다.

자기장

자석이 철을 비롯한 물체를 끌어당기는 힘을 자기력이라고 해요. 자기장은 자기력이 힘을 발휘하는 공간이랍니다. 자기장 안에 있는 금속은 자석의 N극에서 S극 방향으로 나란히 놓이게 되지요.

교과서 심화 개념

지구 자기장

지구는 하나의 커다란 자석이에요. 지구의 자기력은 지구의 안과 밖에 거대한 자기장인 지구 자기장을 만들지요. 지구 자기장은 태양이나 우주 먼 곳에서 날아오는 방사선과 위험한 입자를 막아 지구의 생물들을 지켜 준답니다.

요. 한 식물종이 어떤 물질을 분비하고 반응하는지 알고 있으면 식물이 서로 잘 어울려 자라도록 조절할 수 있어요. 예를 들어 옥수수 꽃가루 추출물은 멜론의 성장을 방해하고 보리가 내뿜는 타감 작용 물질인 그라민은 겨자 뿌리가 정상적으로 자라지 못하게 막아요. 해바라기는 해바라기 묘목의 발달을 막는 테르펜을 분비하기 때문에 2년 연달아 같은 곳에 심을 수 없어요. 알칼로이드와 방향유를 가진 수선화와 진달래, 국화는 바질과 딸기를 비롯한 여러 식물에게 해롭고요. 줄기를 잘라 꽃다발을 만들면 같이 있는 다른 꽃들이 피해를 입는답니다.

일부러 가지를 잘라 내는 가지치기는 정말 식물의 성장에 도움이 될까요? 사실 가지치기는 성장 속도를 높여 주지 않을뿐더러 오히려 늦추거나

▲ 가지치기를 해서 나무가 더 빨리 자란다는 증거는 없다.

3장 알고 보면 놀라운 식물의 세계

전혀 영향을 주지 않아요. 과학자들은 버드나무 실험으로 이 사실을 확인했지요. 연구팀은 나무의 일부를 가지치기하고 잘라 낸 가지의 무게를 잰 뒤, 나무가 줄어든 무게만큼 다시 자랄 때까지 얼마나 오래 걸리는지를 쟀어요. 가지치기한 나무는 가지치기를 하지 않은 나무보다 다시 자라는 데 오랜 시간이 걸렸고, 가지가 전부 다시 자란 나무는 거의 없었답니다.

가지치기를 한 뒤에 나무가 더 빨리 자란다고 느껴지는 것은 단지 착각일 수 있어요. 한번 잘려 나간 가지가 다시 자라는 과정이 원래 있던 가지가 자라는 것보다 훨씬 눈에 잘 띄니까요. 단, 죽거나 병든 가지를 없애서 다른 부분으로 병이 옮겨 가는 걸 막는 방법은 효과가 있어요. 식물의 성장에도 도움이 된답니다.

선인장이 전자파를 막아 준다는 미신도 확인해 볼까요? 사실 전자기기에서 나오는 전자파 가 인간에게 피해를 입힌다는 증거는 없어요. 애초에 선인장이 우리를 지킬 필요가 없다는 이야기지요. 컴퓨터는 몇 가지 종류의 방사선 을 내뿜어요. 이 방사선은 에너지가 낮기 때문에 우리 몸을 해치거나 병을 일으킬 정도는 아니에요. 가열된 배터리나 뜨거운 물, 작동 중인 컴퓨터, 사람들은 적외선을 뿜어내고요. 와이파이 어댑터나 블루투스 마우스, 전자레인지에서는 에너지가 강한 전자파가 주로 나와요. 전자기기의 방

교과서 심화 개념

전자파
전자파는 전자기파와 같은 말이에요. 전자기는 전기와 자기를 묶어 이르는 말이고요. 전기와 자기 모두 입자가 움직이면서 만들어 내는 힘으로, 두 힘의 성질은 같답니다. 주기적으로 세기가 바뀌는 전자기가 공간을 따라 이동하는 현상이 바로 전자기파예요. 우리가 보는 빛도 전자기파의 일종이지요.

방사선
원자핵이 여러 조각으로 나뉘질 때 나오는 선을 방사선이라고 해요. 알파선, 감마선, 엑스선, 전자, 중성자 같은 여러 종류가 있어요. 방사선은 다른 빛보다 에너지가 훨씬 강하기 때문에 위험하답니다.

▲ 집 안에 식물을 키우면 보기에도 좋고 마음도 편안해지지만 공기 정화에는 큰 도움이 되지 않는다.

사선을 포함한 전자파가 사람의 건강에 미치는 영향은 아직 확실하게 밝혀지지 않았어요. 하지만 오랜 시간 동안 끊임없이 노출된다면 인체에 해로울 수도 있어요. 위험을 피하고 싶다면 일단 컴퓨터나 휴대전화를 쓰는 시간을 줄이도록 노력해 보세요.

마지막으로 식물이 공기를 깨끗하게 정화한다는 주장을 살펴볼게요. 이 주장이 옳은지 그른지 알려면 우선 공기 오염이 정확히 무엇인지부터 확인해야 해요. 식물은 이산화탄소와 물 분자를 흡수해요. 하지만 원래 공기 중에는 이산화탄소와 물이 항상 존재해요. 그 양도 우리에게 해롭지 않은 정도지요. 그러니 식물이 이 둘을 흡수한다고 해도 공기 정화에 큰 도움이 되

3장 알고 보면 놀라운 식물의 세계

지 않아요. 건강에 해로운 포름알데하이드나 벤젠, 톨루엔 같은 휘발성 유기 물질도 마찬가지예요. 화분에 심은 식물들로는 이 물질들을 효과적으로 흡수할 수 없답니다.

식물이 공기를 정화한다고 믿는 사람들은 미국항공우주국(NASA)에서 한 연구를 증거로 내세워요. 식물 하나만 있으면 가로세로 9미터 내의 모든 휘발성 오염 물질을 없앨 수 있다는 거예요. 하지만 이 연구는 어떤 식물이 얼마큼 자라야 이런 효과가 나타나는지 알려 주지 않아요. 게다가 미국항공우주국은 연구에서 흡수제로 널리 쓰이는 활성탄이 들어 있는 용기에 식물을 두었어요. 다시 말해 이 연구에서 벤젠을 비롯한 오염 물질 대부분을 흡수한 '영웅'은 식물이 아닌 활성탄이었답니다.

방에서 식물을 잔뜩 키워도 방 안의 산소량은 늘어나지 않을뿐더러 밤에는 오히려 심각하게 줄어들 수 있어요. 낮 동안 식물은 자신이 밤에 사용할 산소량의 약 10배를 만들어요. 하지만 사람보다 식물이 훨씬 작다는 사실을 생각해 보세요. 식물이 하루에 생산하는 산소의 양은 같은 시간 동안 사람이 사용하는 양보다 훨씬 적답니다.

이것만은 꼭 기억하세요

☑ 식물에게 음악이나 좋은 말을 들려줘도 식물은 소리를 공기의 진동으로만 인식해요.

☑ 우리 몸에는 외부에서 받아들인 자극을 뇌에 전달하고 반응하게 하는 신경세포가 있어요.

☑ 식물은 신경세포가 없는 대신 신호 물질을 분비해서 다른 식물과 영향을 주고받는 타감 작용을 해요.

중 1 　Ⅲ. 생물의 다양성

중 2 　Ⅳ. 식물과 에너지

중 3 　Ⅳ. 자극과 반응

중 3 　Ⅷ. 과학 기술과 인류 문명

예습

과학 교과서 정복하기

복습

초 5-2 　생물과 환경

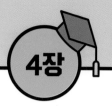

4장

동식물이 만나면?
생태계!

살아남고 싶어? 흉내 내!

식물이 곤충을 사냥한다고?

푸른 지구를 지키는 생물 다양성

✏️ 살아남고 싶어? 흉내 내!

자연에는 숨바꼭질 천재가 많아요. 이 동식물들은 주변에 몸을 숨기거나 위험한 포식자 흉내를 낸답니다. 변장을 통해 자신을 보호하고 먹이를 얻기도 하지요. 생물학에서는 이렇게 한 생물이 다른 생물을 흉내 내는 현상을 '모방'이라고 불러요. 생태계의 재미있는 모방을 알아봐요.

?!

모방이라는 용어는 영국의 곤충학자이자 동식물 연구가였고 여행자이기도 했던 헨리 베이츠가 처음 사용했어요. 1862년 베이츠는 다른 동물의 흉내를 내는 동물들의 능력을 담은 논문을 발표했어요. 1년 후에는 모방에 대해 관찰했던 내용을 담아 《아마존 강의 동식물 연구가》라는 책을 출판했지요. 모방을 다룬 역사상 첫 번째 책이랍니다.

베이츠는 남아메리카 대륙을 탐험하는 과정에서 모방이라는 현상을 처음 발견했어요. 그리고 1848년에서 1859년까지 아마존강을 여행하며 야생 동물과 새, 곤충을 관찰하고 독특한 생물학 연구 자료를 수집했답니다. 그 여행 중에 베이츠는 부왕나비가 제왕나비의 색을 모방한다는 사실을 알게 됐어요. 제왕나비는 새를 이기는 독성을 가지고 있기 때문에 처음에는 부왕나비가 제왕나비를 흉내 냈다고 알려졌어요. 하지만 두 종류의 나비 모두 자신을 사냥하는 새들이 먹을 수 없도록 독을 가지고 있다는 사실이 나중에 밝혀졌지요.

1878년 독일의 동물학자 프리츠 뮐러는 이렇게 독을 가진 동물들이 비슷한 색으로 포식자 에게 독이 있다는 사실을 경고하는 현상에 대해 설명했어요. 그 이후로 이런 모방을 '뮐러 의태 '라고 불렀지요. 이 현상을 처음 발견한 베이츠의 업적을 기리며 몇몇 모방을 '베이츠 의태'라고 부르기도 한답니다. 베이츠 의태는 독성이 없는 동물이 스스로 살아남기 위해 독이 있거나 위험한 종인 척하는 경우에 사용하는 용어예요.

모방은 아주 다양한 형태로 나타나는 복잡한 자연 현상이에요. 하지만 숨기 대장 동물들이 사용하는 방법에는 몇 가지 공통점이 있어요. 첫 번째로 동물뿐 아니라 식물도 서로를 따라 할 수 있다는 점이에요. 예를 들어 독성이 없는 광대수염의 잎사귀는 동물의 피부와 점막 을 화끈거리게 만드는 서양쐐기풀을 닮았지요. 그래서 초식동물은 두 식물을 모두 피한답니다.

모방 중에는 동물이 식물의 특정 부위나 돌, 흙, 눈 더미처럼 움직이지 않는 물체를 흉내 내는 것도 있어요. 예를 들어 나뭇가지 위에 사는 자나방 애벌레는 나뭇가지와 비슷한 색을 가지고 있어요. 자나방 애벌레는 뒷다리를 가지에 붙이고 몸을

교과서 핵심 개념

포식자

포식자는 다른 생물, 특히 동물을 잡아먹고 사는 동물을 말해요. 육식동물이 포식자에 속하지요. 사람이나 곰같이 동식물을 가리지 않고 먹는 잡식동물 역시 먹이가 되는 동물에게는 무서운 포식자랍니다.

의태

다른 생물의 무늬나 행동을 흉내 내는 것을 의태라고 해요. 몸의 생김새 자체가 의태인 동물도 있답니다.

교과서 심화 개념

점막

점막은 우리 몸속의 여러 장기를 덮고 있는 얇고 끈끈한 막을 말해요. 눈꺼풀이나 입안, 콧속은 점막이 그대로 드러나 있지요. 점막은 점액이라 부르는 끈끈한 액체를 만들어 점막 안쪽으로 균이나 이물질이 들어가지 않도록 막아요. 또 위장이나 소장이 음식물을 잘 흡수하거나 입에서 음식물을 잘 씹을 수 있도록 돕는 역할도 한답니다.

쭉 뻗고 있어서 잔가지처럼 보인답니다.

두 번째로 모방 기술을 가진 종은 자기가 모방하는 종과 같은 영역에서 살아요. 특정 환경에 몸을 숨기는 동물들도 비슷하답니다. 눈이 내리지 않는 지역에서 눈 더미를 흉내 내기 위해 털색을 하얗게 바꾸는 동물은 없을 테니까요.

모방 기술은 동식물이 바깥세상과 나누는 대화예요. 모방하는 동물이 보내는 메시지는 다양하지요. 어떤 동물은 광대수염처럼 자신이 위험하고 공격적이라는 사실을 모두에게 알리고 싶어 해요. 예를 들어 나비들은 포식자 흉내 내기의 명수예요. 이 나비들은 날개에 포식자의 눈을 닮은 밝은 색 무늬를 가지고 있어서 자신을 쪼아 먹으려는 새들을 겁줘 쫓아내요. 특히 남아메리카 대륙에 사는 나비 헤메로플라네스 트립톨레무스는 아주 놀라운 능력을 가지고 있어요! 이 나비의 애벌레는 색이 아주 특이한 데다 몸의 일부를 부풀려서 '뱀의 머리'처럼 보이도록 만들 수 있답니다.

아예 존재하지 않는 것처럼 숨는 동물도 있어요. 일부 동물들은 포식자가 알아차리지 못하도록 나뭇가지나 덤불에 몸을 숨기지요. 반대로 사냥을 위해 몸을 숨기는 동물도 있어요. 파라오오징어는 바다 밑바닥과 비슷하게 재빨리 색깔을 바꿔서 몸을 숨겨요. 그러고는 몸을 웅크린 채 먹잇감인 게가 무서워하지 않는 소라게나 물고기 흉내를 낸답니다.

남을 속이는 속임수의 달인도 있어요. 예를 들어 바다 깊은 곳에 사는 아귀는 사냥을 할 때 '낚싯대'처럼 생긴 가느다란 돌기가 꾸물대는 벌레처럼 보이도록 머리를 흔들어요. 아귀는 이 가짜 벌레를 미끼로 다른 물고기들을 꾀어낸답니다.

▲ 잔가지를 본떠 몸을 숨긴 자나방 애벌레(위)와 피부가 젖은 잎사귀처럼 생긴 뿔쟁기발개구리(아래)

집단 행동

동물이 무리를 이뤄 하나의 행동을 할 때가 있어요. 이 모습을 통틀어 집단 행동이라고 하지요. 조류나 어류가 먼 거리를 이동할 때는 특히 집단 행동을 하는 경우가 많답니다. 이때 조류는 마치 군대처럼 대열을 유지하면서 날고, 어류는 거대한 물고기의 형태가 되도록 모여 있답니다.

과학자들은 동물들의 집단 행동 을 모방으로 보기도 해요. 예를 들어 정어리는 큰 물고기처럼 보이기 위해 구름처럼 떼를 지어 다닌답니다. 그래서 상어와 커다란 물속 포식자들을 겁먹게 만들지요.

식물들도 번식을 위해 모방을 해요. 예를 들어 어떤 난초 꽃들은 벌을 닮았어요. 그래서 짝을 찾는 수컷 벌이 난초 꽃을 발견하면 그 위에 앉지요. 하지만 쓸모없는 꽃가루만 얻을 뿐이에요. 수컷 벌은 계속해서 많은 난초 꽃에게 속기를 되풀이하며 꽃가루를 옮기고 식물의 수정을 도와준답니다.

마지막으로 소리를 모방하는 경우가 있어요. 2017년 브라질 상파울루 대학교의 과학자들은 학술지 〈조류 생물학〉에 땅뻐꾸기의 놀라운 계략을 담은 논문을 발표했어요. 야생돼지를 닮아 발굽이 둘로 갈라져 있고 잡식성인 사향멧돼지는 엄니로 딱딱거리는 소리를 내는데 땅뻐꾸기는 이 소리를 흉내 낼 수 있어요. 땅뻐꾸기는 둥지를 망가트리려는 작은 포식자들을 겁줘 쫓아내기 위해 이 소리를 이용한답니다.

이것만은 꼭 기억하세요

☑ 생물은 자신을 보호하거나 사냥을 하기 위해 주위 물체나 다른 생물의 모양을 모방해요.

☑ 뮐러 의태는 독을 가진 동물들이 포식자에게 독이 있다는 사실을 비슷한 색으로 경고하는 모방이에요.

☑ 떼를 이루어 한 몸처럼 다니는 집단 행동은 포식자들이 다가오지 못하게 해요.

✏️ 식물이 곤충을 사냥한다고?

생물은 서로 먹고 먹히는 관계를 이루고 있어요. 이 관계를 간단하게 정리한 것을 먹이사슬이라고 하지요. 생산자인 식물은 광합성으로 에너지와 영양분을 만들고, 소비자는 이 영양분을 먹고 살아요. 소비자가 죽고 나면 균류의 분해로 생산자에게 필요한 영양분이 되고요. 그런데 생산자가 아닌 소비자의 역할을 하는 식물도 있답니다. 바로 식충식물이에요.

먹이사슬 에서 가장 아래에 있는 식물은 보통 성장하고 발달하는 데 필요한 모든 재료를 흙과 공기에서 얻어요. 하지만 무언가를 잡아먹는 포식 생활에 적응한 식물도 있어요. 다른 식물처럼 흙과 공기에서 영양분 을 흡수하면서 작은 동물도 잡아먹는답니다. 주로 곤충을 먹기 때문에 '식충식물'이라고 불러요. 벌레잡이식물이라고도 하고요. 아마 파리를 유혹해 붙잡는 파리지옥 정도는 한 번쯤 들어 봤을 거예요. 그런데 식충식물은 파리지옥 말고도 여러 종이 있답니다. 총 750여 종의 식충식물이 지구에 살고 있지요. 수백만 년 동안 저마다 자신만의 사냥법을 만들며 진화한 채로요.

교과서 핵심 개념

먹이사슬

먹이사슬에서 식물은 광합성으로 영양분을 만드는 생산자예요. 초식동물은 생산자를 먹는 1차 소비자지요. 육식동물은 초식동물을 먹는 2차 또는 최종 소비자고요. 잡식동물도 여기에 속한답니다. 마지막으로 곰팡이 같은 균류는 죽은 생물을 영양분으로 잘게 쪼개 자연으로 되돌리는 분해자 역할을 해요.

영양분

몸을 구성하거나 에너지를 내는 데 쓰이는 물질을 영양분 또는 영양소라고 해요. 인간을 포함한 동물은 영양분을 직접 만들 수 없기 때문에 다른 생물을 먹어서 얻어야 해요.

식충식물은 **질소** 나 **무기염류** 같은 필수 영양분이 부족한 늪, 호수, 척박한 토양 등의 환경에서 살아요. 부족한 영양분을 채우기 위해 식충식물은 잎을 덫으로 바꾸고 곤충을 잡아먹기 시작했지요. 식충식물은 덫의 모양을 기준으로 크게 다섯 가지로 분류할 수 있어요.

첫 번째 덫은 '올가미'예요. 먹이가 들어오면 저절로 닫히는 올가미는 두 종류의 식충식물에게만 있어요. 우리가 잘 아는 파리지옥, 그리고 작은 수중식물인 벌레먹이말이 그러해요. 파리지옥은 큰 올가미로 주로 땅에 기어다니는 곤충을 사냥하고, 벌레먹이말은 큰 줄기에 마치 관람차처럼 붙어 있는 작은 올가미들로 물속에 사는 작은 갑각류나 애벌레를 사냥해요.

두 식물의 덫이 움직이는 원리는 거의 똑같답니다. 파리지옥의 덫은 양쪽으로 갈라져 마치 떡잎처럼 보여요. 덫 안을 보면 가운데에 가느다란 '자극털(감각모)'이 있어요. 둘로 나뉜 덫은 바깥을 향해 벌어졌다 눈 깜짝할 사이에 닫히는데, 잎 가장자리에 난 단단한 털 때문에 먹이는 옴짝달싹 못하고 갇힌답니다.

갇힌 곤충이 덫 안에서 움직이면 파리지옥은 **소화효소** 를 만들어 내요. 파리지옥이 곤충 한 마리를 소화하는 데는 최대 20일가량이 걸려요. 마침내 덫이 다시 열렸을 때 남아 있는 것은 단단한 껍데기뿐이지요. 단, 파리지옥의 덫 하나가 평생

교과서 심화 개념 (1%)

질소

모든 생물이 세포를 분열시키고 DNA를 만들기 위해서는 질소가 있어야 해요. 식물도 마찬가지지요. 다른 생물을 먹어서 질소를 얻는 동물과 달리, 식충식물을 제외한 식물은 질소를 직접 얻을 수가 없어요. 그래서 흙 속의 질소를 빨아들이거나 뿌리에 사는 박테리아로부터 질소를 받는답니다.

무기염류

식물이 자신의 몸을 유지하고 몸 속에서 일어나는 움직임을 조절하기 위해서는 칼슘, 소듐, 포타슘 같은 무기염류가 필요해요. 식물은 뿌리로 물을 빨아들일 때 물에 녹아 있는 무기염류를 함께 흡수한답니다.

동안 먹을 수 있는 곤충의 양은 세 마리뿐이에요. 그것도 한 번에 한 마리씩요.

두 번째 덫은 '주머니'예요. 200종이 넘는 식물이 속한 통발은 잎이 사냥용 주머니처럼 변했어요. 통발은 대부분 수중식물로 뿌리는 없고, 광합성을 하는 잎은 여러 가닥으로 갈라져서 크리스마스트리에 거는 장식용 줄처럼 생겼어요. 잎 곳곳에 뚜껑이 달린 작은 주머니가 있지요. 주머니는 안쪽의 압력 이 바깥쪽보다 낮아요. 작은 가재가 주머니를 건드리면 뚜껑이 열리는데요. 그럼 가재는 압력 차이 때문에 물줄기와 함께 주머니 안으로 빨려 들어가게 된답니다. 주머니의 뚜껑이 단단하게 닫히자마자 곧바로 소화가 시작되지요.

세 번째는 덫은 바로 '끈끈이'예요. 끈끈이주걱 같은 식물은 끈적거리는 잎을 써서 벌레를 잡아요. 끈끈이주걱은 파리지옥과 벌레먹이말, 통발의

교과서 심화 개념

소화효소

동물은 먹은 먹이를 영양분으로 만들어 흡수해요. 이 과정을 소화라고 하지요. 이때 먹이를 부수는 힘뿐만 아니라 먹이를 이루고 있는 물질을 녹이고 나누는 화학적인 도움이 필요해요. 소화효소는 동물의 몸에 들어온 먹이를 흡수하기 쉽도록 도와주는 화학 물질이에요.

교과서 핵심 개념

압력

단위 면적을 누르는 힘의 크기를 압력이라고 해요. 단위 면적은 가로세로 1센티미터 또는 가로세로 1미터처럼 단위를 재는 데 기준이 되는 넓이를 말하지요. 액체나 기체는 압력이 높은 곳에서 낮은 곳으로 이동하는 특성이 있답니다.

친척이에요. 진화적으로는 아주 먼 친척이지만, 사냥 방법은 아주 비슷해요. 끈적거리고 빛나는 달콤한 물방울로 먹이를 유혹하지요. 먹이가 부족한 늪에 사는 곤충들은 맛있고 영양도 많은 설탕 방울에 이끌려 끈끈이주걱의 덫으로 뛰어들어요. 이 덫에 갇히는 순간 곤충은 달아날 수 없어요. 먹이를 잡으면 끈끈이주걱의 잎은 아주 빠르게 안으로 말리면서 소화액을 내뿜어요. 끈끈이주걱과 비슷한 방법을 쓰는 벌레잡이제비꽃은 큰 먹이를 잡을

▲ 뿌리처럼 생긴 잎에 먹이를 잡을 수 있는 주머니가 여러 개 달린 통발(왼쪽)과
   뿌리에 길고 투명한 덫이 숨어 있는 겐리시아(오른쪽)

때만 잎을 살짝 오므린답니다.

네 번째 덫은 '유도형 미로'예요. 식충식물 중에서 가장 강력한 덫이지요. 이 덫을 가진 식물은 통발의 먼 친척인 겐리시아예요. 벌레잡이또아리풀이라 부르기도 하지요.

겉모습만 보고서는 이 식물이 매일 작은 벌레를 수백 마리나 잡아먹는 무서운 포식자라는 사실을 알기 어려워요. 초록색 잎이 장미꽃처럼 여러 겹 쌓인 작고 귀여운 식물이거든요. 아주 아름다운 꽃을 피우는 종류도 있고요. 하지만 땅 아래에는 길고 투명한 덫이 숨어 있답니다.

덫은 안쪽에 나선형 길이 새겨진 가는 빨대처럼 생겼어요. 땅속 25센티미터 깊이까지 파고 들어간 덫 안쪽에는 짧은 털이 빽빽이 들어차 있지요. 땅속에 사는 작은 벌레나 애벌레가 이 속으로 기어 들어가면, 털이 향하는 방향으로만 움직일 수 있기 때문에 두 번 다시 덫 바깥으로는 나갈 수 없어요. 먹이는 그저 서서히 소화액이 만들어지는 덫 안쪽으로 더 깊이 들어갈 수밖에 없지요. 벌레잡이또아리풀이 발명한 사냥법이 정말 놀랍지 않나요?

마지막 덫은 주머니보다 더 길고 큰 '항아리'예요. 곤충을 잡을 때 항아리를 사용하는 식물이 얼마나 많은지는 아직 알 수 없어요. 이 중 많은 식물이 식물학자들이 가 보지 못한 지역에서 살거든요. 가장 대표적인 식물은 네펜테스라고도 부르는 벌레잡이통풀이에요. 사라세니아도 잘 알려져 있는 항아리 모양의 식충식물이랍니다.

이 식물들은 유리컵 크기의 항아리를 만들어요. 이 항아리에는 빗물을 약 50밀리리터 저장할 수 있어요. 소주잔을 가득 채울 수 있는 용량이지요. 물이 너무 많으면 남는 물은 잎의 세포가 흡수하기 때문에 항아리 속에는

▲ 항아리 안에 하나의 생태계를 가꾸는 네펜테스

항상 필요한 만큼의 물만 담겨 있답니다.

　항아리형 식충식물은 대부분 먹이를 바로 소화하고 흡수하지 않아요. 아예 소화액을 만들지 않는 종류도 많지요. 대신에 항아리 속에 작은 **생태계** 를 만들어요. 이 생태계에서는 모기 애벌레가 가장 무서운 포식자예요. 운 나쁜 곤충이나 작은 벌레가 항아리 속에 떨어지면 모기 애벌레가 냉큼 잡아먹어요. 식물은 모기 애벌레가 먹이를 먹고 내어놓은 **배설물** 을 먹고 산답니다.

　네펜테스는 워낙 종류가 다양한 만큼 항아리를 이용하는 방법도 서로 달라요. 아예 배설물도 먹지 않고 항아리에 떨어진 잎의 분해물을 먹고 사는 종류가 있는가 하면, 드물지만 다른 식충식물처럼 곤충을 잡아먹고 사는 종류도 있답니다. 그 중 하나인 네펜테스 알보마르기나타는 항아리 덫 하나로 1시간 동안 흰개미를 무려 6,000마리나 잡는답니다! 유명한 과학 학술지인 〈네이처〉가 '폭식왕'으로 소개할 정도로 잘 먹기로 소문난 식충식물이에요.

교과서 핵심 개념

생태계
어느 한곳에 모여 살아가는 생물과 그 생물이 살고 있는 환경 전체를 통틀어 생태계라고 해요. 생물은 생물끼리 영향을 주고받을 뿐만 아니라 바깥의 환경과도 영향을 주고받지요. 지구 곳곳에는 그 환경에 적응한 생태계가 각각 존재한답니다.

배설물
똥, 오줌, 땀 등 생물의 몸에서 밖으로 나온 물질을 말해요. 소화되고 남은 음식 찌꺼기나 소화 과정에서 만들어진 노폐물을 포함하지요.

이것만은 꼭 기억하세요

☑ 먹고 먹히는 먹이사슬 속에서 식물은 생산자, 동물은 소비자, 균류는 분해자 역할을 해요.

☑ 식물은 탄수화물과 에너지를 직접 만들지만 질소나 무기염류 같은 필수 영양분은 동물과 마찬가지로 밖에서 ㅌ얻어야 해요.

☑ 식충식물은 덫의 모양에 따라 올가미, 주머니, 끈끈이, 유도형 미로, 항아리로 나뉘어요.

✏️ 푸른 지구를 지키는 생물 다양성

지구에는 수많은 생물이 어울려 살고 있어요. 과연 지구에는 얼마나 많은 생물종이 살고 있을까요? 사실 과학자들도 정확히 모르고 있어요. 대략 870만 종 정도가 있다고 어림짐작할 뿐이지요. 엄청난 수의 생물종이 어우러져 살고 있는 것을 '생물 다양성'이라고 한답니다.

교과서 핵심 개념

생물 다양성

생물 다양성은 지구에 있는 생물이 얼마나 다양한지를 나타내요. DNA와 유전자를 기준으로 한 유전적 다양성, 생물 분류를 기준으로 한 종 다양성, 생태계가 얼마나 복합적이고 안정적으로 꾸려져 있는지를 기준으로 한 생태계 다양성을 합친 말이랍니다.

생물 다양성 은 단순히 많은 '종(種)'을 의미하지 않아요. 한 종 안의 유전적 다양성과 함께 이 생물들이 사는 서식지와 그 환경도 다양하게 유지되는 것을 말하지요. 그런데 슬프게도 어떤 생물종은 우리가 채 알기도 전에 사라져 버리고 있어요.

예를 들어 열대 지방 정글의 나무와 흙에는 다양한 **무척추동물** 이 잔뜩 살고 있어요. 목재를 얻거나 농사를 짓기 위해서 이런 숲의 나무를 베거나 아예 태워 버리는 경우가 많은데, 이렇게 되면 어떤 종이 있는지 우리가 알기도 전에 그 생물은 지구상에서 사라져 버리게 되지요. 어떤 생물종이 존재한다는 사실을 알고 있더라도, 그 종의 **개체수** 가 너무 적으면 건강한 후손을 낳을 수 없어 서서히 멸종하게 되고요. '종의 마지막 개체가 사망했다'

라는 내용이 담긴 기사로 알리고 넘어가기엔 너무 나 큰 손실이지요.

그래서 생물 다양성을 지키기 위해 여러 나라 가 힘을 합쳐 국제 협약을 만들었어요. 1992년 유 엔환경개발회의에서 결정한 생물 다양성 협약 (CBD)이지요. 당시 168개의 나라가 종, 생태계, 유 전자 측면에서 생물 다양성을 보전하고 지속 가능 하도록 이용하며, 생물자원 을 이용했을 때 생기는 이익을 공정하게 배분할 것을 약속했어요. 1993년 부터 널리 쓰이기 시작한 이 협약에는 우리나라도 154번째 회원국으로 가입되어 있답니다. 매년 가 입국들의 대표가 모이는 당사국 총회가 열리는데, 2014년 12차 총회는 우리나라 평창에서 열렸지요.

사실 우리는 판다같이 귀여운 동물들을 보호해 야 한다고 곧잘 생각하곤 해요. 하지만 우리 눈에 잘 보이지 않거나 예쁘지 않은 생물은 무시하기 쉬워요. 이런 생물을 보호한다고 해서 우리에게 무 슨 이익이 생길지 당장 알 수 없으니까요.

교과서 핵심 개념

무척추동물
몸을 지탱하는 등뼈(척추)가 없는 다세포 생물을 말해요. 환형동물, 편형동물, 자포동물, 유즐동물, 극 피동물, 연체동물, 절지동물 등 아 주 많은 동물 무리가 여기 속하지 요. 지구에 살고 있는 동물 가운데 97퍼센트는 무척추동물이랍니다.

개체수
일정한 범위 안에서 살고 있는 생 물의 수를 말해요.

교과서 심화 개념

생물자원
생물자원은 사람의 식량이나 생활 용품, 의약품 등에 쓰이는 생물을 말해요. 우리가 먹는 고기나 어류, 채소, 과일은 모두 중요한 생물자 원이에요. 의약품 재료인 곰팡이 나 식물 역시 모두 생물자원이지 요. 생물자원은 당장 쓰이지 않더 라도 앞으로 쓰일 가능성이 있는 모든 생물을 아우른답니다.

그런데 눈에 잘 보이지 않는 생물들도 생태계에서는 매우 큰 역할을 해 요. 대표적인 예가 벌이지요. 벌은 꽃 사이를 날아다니면서 꿀을 모아요. 이 과정에서 다리에 꽃가루를 묻혀 다른 꽃으로 전달하는 역할을 하지요. 만일 벌이 없다면 식물은 씨앗과 열매를 맺지 못해 자손을 남길 수 없어요. 결국

교과서 핵심 개념

멸종

한 생물종이 모두 죽어서 완전히 사라지는 것을 멸종이라고 해요. 공룡이나 매머드는 모두 과거에 멸종한 동물이지요. 지구상에서는 총 5번의 큰 멸종이 있었는데, 이때마다 가장 번성하는 생물의 종류가 바뀌었답니다.

교과서 심화 개념

항생제

항생제는 몸에 들어온 박테리아를 약하게 만들거나 죽이는 약이에요. 박테리아는 항생제와 맞서 싸우는 내성을 키우기 때문에, 항생제를 필요한 양보다 너무 많이 먹으면 오히려 몸에 좋지 않답니다.

농사를 짓듯이 사람의 손으로 일일이 꽃가루를 옮겨 줘야 할 텐데, 그러면 훨씬 많은 돈이 들게 되겠지요. 많은 식물종이 번식하지 못해 **멸종** 하게 되면 더 큰 위험이 찾아올 수도 있고요.

생물 다양성에는 엄청난 경제적 가치가 숨어 있어요. 예를 들어 우리가 사용하고 있는 의약품 중에는 식물에서 얻은 자연 물질, 또는 그것을 조금 변형한 물질이 매우 많아요. 진통제로 많이 먹는 아스피린의 원료인 살리실산은 처음에 버드나무 껍질의 추출물에서 발견됐어요. **항생제** 로 널리 쓰이고 있는 페니실린이나 마이신은 곰팡이와 미생물에서 추출한 물질이지요. 지금 우리가 쓰는 의약품의 10~15퍼센트 정도가 식물에서 왔다는 통계도 있답니다.

그러다 보니 생물 다양성에 대한 소유권에 관심을 갖는 사람이 점점 늘고 있어요. 생물 다양성 협약에서 '생물자원을 이용했을 때 생기는 이익'을 조항에 넣을 정도로요. 한번 생각해 보세요. 우리나라 과학자가 아마존 정글에서 식물 뿌리를 캐어 미국의 연구실로 가져간 뒤 그곳에서 의약품을 만들었다면, 이 약의 소유권은 어느 나라가 가질까요? 간단하게 생각하면 뿌리, 다시 말해 '생물자원'의 원산지가 속한 국가가 가장 먼저 소유권을 갖는 게 맞아요. 실제로 그렇게 해결하는 경우도 많고요. 하지만 과학 기술이 발달한 다른 국가의 도움 없이 새로운 약품을 만들고 안전하게 사용할 수

▲ 알렉산더 플레밍이 배양한 푸른곰팡이(페니실륨) 표본.
플레밍은 이 곰팡이에서 페니실린을 추출했다.

▲ 생물 다양성은 인간뿐만 아니라 생물에게도 꼭 필요하다.

있도록 연구하는 일은 쉽지 않아요. 그래서 생물자원을 발견하고 이용한 여러 나라가 얼마나 많이 힘을 썼는지에 따라 결과가 달라진답니다.

1990년대, 미국 미네소타 대학교의 데이비드 틸먼 교수가 이끄는 연구팀은 식물종과 광합성의 관계를 연구했어요. 연구팀은 우선 똑같은 넓이의 땅을 두 곳 마련했어요. 그다음 한 곳에는 A라는 종류의 식물만 열 그루 심고, 다른 곳에는 A 다섯 그루와 또 다른 종류의 식물인 B 다섯 그루를 심는 식으로 종을 섞었지요. 시간이 지난 후 양쪽 식물의 무게를 비교한 결과, 식물의 종이 많으면 많을수록 같은 면적에 사는 식물의 양이 늘어난 걸 알 수 있었답니다.

식물마다 좋아하는 환경과 필요로 하는 영양분, 햇빛, 물의 양이 다 달라요. 서로 다른 식물을 섞어 놓으면 각자 좋아하는 쪽을 이용하기 때문에 시스템 전체가 아주 효율적으로 움직이지요.

예를 들어 여러분은 국물만 좋아하는데 친구는 건더기만 좋아한다고 해 봐요. 국 한 그릇만 있어도 두 사람이 모두 배불리 먹을 수 있겠죠? 반면에 두 사람 모두 건더기만 좋아한다면, 국이 두 그릇 필요하고 국물은 그냥 버리게 될 거예요. 마찬가지로 식물도 서로 섞어 놓으면 자원을 최대한 효율적으로 이용할 수 있답니다.

또 다른 이유는 여러 식물이 모여 있는 곳일수록 엄청나게 잘 자라는 식물이 있을 가능성이 높다는 거예요. 이 특별한 녀석이 그 지역의 성장을 이끌게 되는 거죠. 새로운 아이디어와 능력을 가진 사람이 무리 전체를 이끄는 것처럼요.

생물 다양성의 가치는 사람들 눈에는 잘 보이지 않아요. 우리 눈에 띄지 않는 곳에서 생물종이 사라지는 것을 직접 경험하거나 느끼기는 쉽지 않으니까요. 그 피해가 우리에게 나타나기까지는 시간도 많이 걸리고요. 그렇기 때문에 이 문제를 함께 고민하고 최대한 많은 사람에게 알리고 연구와 대책을 마련하려고 노력하는 일이 더욱 중요해요. 누군가의 '알림' 한 번이, 한 생물종의 멸종을 막아 낼지도 모르는 일이니까요.

이것만은 꼭 기억하세요

☑ 생물 다양성이란 어느 한 지역에 살고 있는 생물들의 유전자와 종, 그리고 그 지역의 생태계가 얼마나 다양한지를 뜻하는 말이에요.

☑ 1992년에 168개국이 생물 다양성 협약을 맺고 지구의 생물종을 보호하자고 약속했어요.

☑ 식량이나 의약품처럼 우리가 생활하는 데 필요한 모든 동식물을 생물자원이라고 해요.

중1	III. 생물의 다양성
중2	IV. 식물과 에너지
중2	V. 동물과 에너지
중3	IV. 자극과 반응

예습

과학 교과서
정복하기

복습

초5-2	날씨와 우리 생활
초5-2	생물과 환경

5장

미션!
환경에 적응하라!

추운 극지방에서 살아남기

뜨거운 사막에서 살아남기

축축한 숲에서 살아남기

✏️ 추운 극지방에서 살아남기

지구는 우주에서 생명체가 살아가기에 가장 좋은 곳이에요. 지구 말고는 생명체가 사는 행성을 아직 찾지 못했지요. 하지만 지구도 가끔 살기 힘들 때가 있어요. 남극 대륙은 1년 내내 얼어붙어 있고, 북반구의 겨울도 마찬가지로 몹시 추워요. 이렇게 추운 곳에서 동물들이 살아남고, 자라고, 새끼를 낳으려면 어떤 준비가 필요할까요?

교과서 핵심 개념

적응

생물은 사는 곳의 환경에 맞춰 생김새와 생활하는 방식을 바꿔요. 이 과정을 적응이라고 하지요.

몸에 영향을 미치는 온도는 그 온도가 얼마나 이어지느냐에 달렸어요. 잠옷만 입고 기온이 10도인 곳에서 1분간 서 있어도 별로 큰 탈은 나지 않아요. 하지만 그 추위 속에서 1시간 동안 그대로 서 있으면 동상에 걸리게 될 거예요. 아주 추운 지역에 자리한 노르웨이에서는 눈이 오는 게 흔한 일이지만, 사우디아라비아에 눈이 내린다면 놀랍고 무서운 일이 일어나지요. 노르웨이에 사는 사람들과 동식물은 추운 기후에 적응한 반면, 1년 내내 덥고 건조한 사우디아라비아에 사는 생명체는 그렇지 않거든요.

이처럼 환경에 **적응** 한 생명체는 추위와 다른 환경요소를 이길 수 있어요. 적응력은 더 높아질 수도 있지만 없어질 수도 있지요. 예를 들어 메기는 겨울에 체온이 거의 0도까지 낮아져도 버티지만, 여름에는 10도까지만 견딜 수 있어요. 따뜻한 물에 오래 있다 보니 추위를 견디는 힘이 약해진 거예요. 이렇게 외부 환경을 이겨내는 힘이 변하는 것을 '기후 적응'이라고 해요.

동물은 체온을 스스로 유지할 수 있는 능력이 다 달라요. 이 능력을 기준으로 '내온동물'과 '외온동물'로 나뉘지요. 내온동물은 신진대사 를 통해 스스로 열을 내서 몸을 따뜻하게 할 수 있는 반면, 외온동물은 신진대사가 낮아서 외부의 열에 의지해야만 해요. '항온동물'과 '변온동물'이라는 말도 써요. 항온동물은 체온을 일정하게 유지하고 대부분 주변 환경보다 체온이 높아요. 이와 달리 변온동물은 체온이 쉽게 변하고 주변 환경과 체온이 같지요.

하지만 이 개념은 정확하지 않아요. 어류와 파충류는 흔히 변온동물이라고 불리지만, 아주 깊은 바다에 사는 어류라면 1년 내내 바다 온도가 아주 낮게 유지될 테니 어류의 체온도 항상 일정할 거예요. 반대의 경우도 가능해요. 많은 포유류와 몇몇 조류는 항온동물로 분류되지만 1년 중 가장 추운 기간에는 체온을 유지하지 못하고 몸이 마비되기도 한답니다.

어떤 환경에서 살든, 추위 속에서 생명을 유지하는 체온을 지키려면 생명체는 열심히 일해야 해요. 먼저 몸 표면을 피부 나 비늘로 덮고, 중요한 장기는 근육 아래에 숨겨 놓아요. 근육은 에너지를 사용해서 일하지요. 근육이 수축할 때 나오는 에너지 일부로 안쪽에 있는 장기와 근육, 몸을 덮는

교과서 심화 개념

신진대사

신진대사 또는 대사는 살아 있는 세포에서 일어나는 화학 반응을 통틀어 일컫는 말이에요. 우리 몸에서 일어나는 소화, 영양분 흡수, 배설, 호흡 등은 모두 이 과정에 속한답니다.

교과서 핵심 개념

피부

피부는 동물 몸의 바깥쪽을 덮고 있는 층이에요. 몸속의 혈액이나 림프관 같은 체액이 빠져나가지 않도록 막고 근육과 장기를 지키며 촉각을 감지하고 체온을 조절하는 아주 중요한 기관이지요. 동물의 종류에 따라 피부의 생김새와 피부에 난 털의 형태가 다르답니다.

교과서 심화 개념

근섬유

근육을 구성하는 단위예요. 가늘고 기다란 끈처럼 생겼기 때문에 '섬유'라는 이름이 붙었답니다.

피하 지방

포유류의 피부는 크게 세 층으로 나뉘어요. 죽은 세포로 이루어진 표피, 혈관과 신경이 지나가는 진피, 그리고 가장 안쪽의 피하 조직이지요. 피하 지방은 피하 조직에 쌓인 지방이에요. 포유류의 몸을 따뜻하게 유지하고 피부 안쪽의 장기나 근육을 보호하는 데 꼭 필요한 부분이랍니다. 단, 지나치게 많이 쌓이면 비만이 되지요.

교과서 핵심 개념

위도

위도는 지구 위의 위치를 나타내는 좌표축 중에서 가로로 된 것을 뜻해요. 지구의 중심부를 따라 길게 둘러져 있는 적도로부터 북쪽이나 남쪽으로 얼마나 떨어져 있는가를 나타내요. 우리나라는 북위 34~38도 사이에 위치하고 있어요. 다시 말해 적도에서 북쪽으로 34~38도 떨어져 있다는 이야기지요. 저위도 지방은 대부분 열대나 아열대 기후대에 속하는 반면 고위도로 갈수록 기후가 추워진답니다.

표면층까지 따뜻하게 덥혀요. 많은 동물은 일부러 근육과 **근섬유** 를 수축해서 몸을 따뜻하게 해요. 이런 수축 작용을 '떨림'이라고 부르지요.

이렇게 만든 열을 몸속에 붙들어 놓지 못하면 아무 의미가 없을 거예요. 그래서 열을 만들어 내는 것만큼이나 열이 빠져나가는 걸 막는 '단열'도 중요해요. 생물은 열이 잘 흐르지 않는 단열 물질로 덮여 있어야만 해요. 털이나 깃털 사이에 있는 공기층이나 두꺼운 **피하 지방** 이 단열 역할을 하지요. 보통 털이나 깃털이 촘촘하고 길수록 피부 가까이에 공기를 더 많이 붙들어 두어서 체온이 잘 변하지 않아요. 하지만 작은 포유류는 자유롭게 움직이는 데 긴 털이 방해가 되기 때문에 대부분 털이 짧은 편이에요. 그래서 온도 변화가 심하지 않은 굴이나 좁은 둥지에 오래 머무른답니다.

열 손실 정도는 생물의 형태와 크기에 따라서도 달라져요. 크기에 비해 공기에 닿는 표면적이 많으면 체온이 내려가는 속도도 빨라요. 그래서 작은 생물은 항상 큰 생물보다 체온을 더 빨리 잃지요. 이런 현상을 막기 위해 북극 지방처럼 **위도** 가 높고 추운 지역에 사는 동물은 열대에 사는 친척들보다 몸집이 더 큰 반면, 귀나 꼬리처럼 튀어나온

▲ 큰 귀로 몸의 열을 식히는 사막여우(위)와 작은 귀로 열을 보존하는 북극여우(아래)

신체 부위는 작답니다. 북극여우와 사막여우를 보면 단번에 알 수 있어요.

주변 온도에 따라 열을 만들어 내는 건 꽤 힘든 일이에요. 때로는 그저 추위를 견디면서 체온이 낮아지게 내버려 두는 쪽이 더 나을 수도 있어요. 느릿느릿 움직이는 세포와 기관은 활발하게 움직일 때보다 에너지를 더 적게 사용하니까요. 그래서 어떤 동물은 추운 겨울이 오면 신진대사와 체온을 낮추고 겨울잠을 자요. 동면이라고도 부르는 겨울잠은 체온을 일정하게 유지하기 위해 더 많은 에너지를 써야 하는 작은 동물에게 특히 중요해요. 동면하는 동물은 죽은 것처럼 보여요. 숨도 거의 쉬지 않고 심장도 1분에 몇 번만 겨우 뛰거든요. 사실 체온이 20도까지 낮아지면 이 정도가 적당한 속도지만요.

동면하는 동안 동물은 외부 자극에 반응하지 않아요. 하지만 동면할 때도 최소한의 에너지는 필요해요. 심장이 뛰고 숨을 쉬고 온몸에 혈액과 산소를 옮겨 나르는 데도 에너지가 들어가니까요. 그래서 동물들은 동면하기 전에 먹이를 아주 많이 먹고 에너지를 잔뜩 저장해요. 이 때문에 동면에 들어가기 전 동물들은 포동포동 살이 찐답니다.

보통 동물들은 낮의 길이가 짧아지면 동면에 들어가요. 그리고 동물의 몸 안에 있는 특별한 시계가 나중에 알아서 잠에서 깨어나게 하죠. 동면에서 깬 동물은 몸을 떨면서 특수한 지방 조직을 에너지로 사용해요. 이때 나오는 열은 내장에 가장 먼저 전해진답니다. 동물들은 자는 동안 쌓인 배설물을 몸 밖으로 내어놓고(쉽게 말해 똥과 오줌을 싸고) 봄볕을 받으며 자라난 새싹과 나무의 어린순같이 부드럽고 소화하기 쉬운 먹이를 찾으러 떠나요.

몸속 기관의 활동뿐만 아니라 동물의 행동 본능도 추위를 피하도록 돕는답니다. 남쪽으로 이동하고, 겨울을 대비해 먹이를 많이 먹고, 피난처를 만들거나 동면할 동굴을 찾아 두지요. 본능적인 행동을 할 수 없는 식물도 동물 못지않게 자신을 추위에서 보호하도록 적응한답니다.

이것만은 꼭 기억하세요

☑ 생물이 환경에 맞춰 살아가는 방식을 바꾸는 것을 적응이라고 해요.

☑ 동물은 추운 날씨에 몸속의 열이 빠져나가지 않도록 털이나 깃털로 몸을 덮어요.

☑ 몸을 따뜻하게 하는 데는 많은 에너지가 필요하기 때문에 추운 겨울 동안 체온을 낮추고 겨울잠을 자기도 해요.

✏️ 뜨거운 사막에서 살아남기

사막은 뜨겁고 모래가 가득한 땅만 뜻하는 게 아니에요. 세상에는 암석, 소금, 자갈, 얼음 등 다양한 사막이 있거든요. 어떤 사막에서든 생명체가 거의 없는 평원과 언덕이 끝없이 펼쳐진 황량한 풍경을 볼 수 있지요. 사막의 동식물은 다른 지역의 동식물보다 크기가 훨씬 작답니다. 널리 알려진 '사하라 사막'을 통해 사막의 독특한 생태계를 알아봐요.

사하라 사막은 지구상의 열대 사막 가운데 가장 넓고, 모든 사막을 통틀어서도 남극에 뒤이어 두 번째로 넓어요. 그 크기만 자그마치 900만 제곱킬로미터가 넘지요. 거의 중국 영토와 맞먹는 크기랍니다.

사하라 사막은 무척이나 더워요. 여름이면 대기 온도가 40도를 넘어서고 지표면 온도는 80도를 웃돈답니다. 하지만 밤에는 추위를 피하기 위해 불을 지펴야 해요. 보통 이렇게 뜨거운 열기를 밤에도 유지하려면 습기가 필요해요. 구름과 식물이 내뿜는 수분이 낮에는 해가 지구를 뜨겁게 달구는 걸 막아 주고, 밤에는 담요처럼 지구를 덮어서 열기가 빠져나가지 않도록 하지요. 하지만 바싹 마른 사막에서는 해가 지고 나면 뜨거운 모래가 곧장 식어 버린답니다.

사하라 사막도 여름에는 기온이 10도 밑으로는 잘 떨어지지 않기 때문에 얼어 죽을 일은 없어요. 하지만 겨울에는 기온이 영하로 떨어지는 경우

▲ 사하라 사막은 여러 개의 사막으로 이루어져 있다. 왼쪽부터 시계 방향으로 아라비아 사막, 누비아 사막,
리비아 사막

가 많아요. 눈이 내릴 때도 있답니다! 다음날 흔적도 없이 모두 녹아 버리지만요.

사하라 사막은 모래 언덕으로만 이뤄진 게 아니라 몇몇 다른 종류의 지형이 어우러져 있어요. 암석, 자갈, 모래, 소금 습지, 그리고 물론 모래로 된 지형도 있지요. 또 사하라 사막은 아라비아 사막, 알제리 사막, 리비아 사막, 누비아 사막, 테네레 사막 등 여러 지역으로 나뉘어 있어요.

사하라 사막의 동식물은 어떻게 물도 없이 살아갈까요? 사실 동식물을 포함한 생명체는 대부분 물이 없는 곳에서 살 수 없어요. 그래서 사하라 사막에는 아무것도 살지 않는 곳이 많아요. 생명체는 주로 오아시스 옆, 지대가 높아 그다지 뜨겁지 않은 곳, 또는 비가 내리면 물이 차오르는 메마른 강바닥 가까이에서 살아가요. 오아시스는 가까운 강에서 물이 흘러들거나 지하수가 솟아오르는 곳, 또는 비가 와서 물이 고이는 곳에 생기는 사막 한가운데의 작은 호수예요. 사하라 사막을 비롯해 여러 사막의 생태계를 지탱하는 중요한 역할을 한답니다.

보통 사막 하면 바로 떠오르는 식물은 선인장이에요. 그런데 재미있게도 사하라 사막에서는 선인장을 보기 어려워요! 선인장은 감자나 옥수수처럼 수백 년 전 사람들이 아메리카 대륙에서 유럽으로 가져온 식물이거든요. 겨우살이선인장이라는 종류만 빼고요. 이 선인장은 줄기가 여러 개로 나뉘기 때문에 우리가 흔히 아는 선인장의 모습과는 좀 달라요. 겨우살이선인장은 아프리카나 인도에서도 볼 수 있답니다.

식물은 사막에서 살아가기 위해 두 가지 문제를 해결해야 해요. 첫 번째로 물을 빨아들일 수 있을 때 되도록 많이 저장해야 해요. 그것도 재빨리요.

교과서 핵심 개념

증발

액체가 기체로 변하는 과정을 증발이라고 해요. 예를 들어 물은 증발해 수증기가 되지요. 증발은 액체의 표면에서 끊임없이 일어난답니다.

가축

가축은 인간이 고기나 우유를 얻기 위해, 또는 몸과 집을 지키기 위해 길들인 동물이에요.

사막에서는 수분이 순식간에 **증발** 하니까요! 이 문제는 탄탄한 뿌리를 땅속 깊이 뻗든가 아니면 지표면을 따라 뻗으면 해결돼요. 두 번째로 저장한 물이 증발하지 않도록 막아야 해요. 사막식물은 이파리가 밀랍 성분의 물질로 덮여 있고, 또 크기가 작기 때문에 수분이 날아갈 위험이 적어요. 사하라 사막에는 허브나 조그만 떨기나무만 자란답니다. 게다가 넓은 이파리가 좁고 뾰족한 가시로 진화했기 때문에 수분을 잃을 일이 줄어들었지요.

자연은 사막에 사는 동물에게 생존을 위한 다양한 능력을 선물했어요. 예를 들어 사막여우는 몸집이 아주 작은 반면 귀가 아주 커요. 이 커다란 귀 표면에 피가 흐르는 혈관이 지나가면서 몸의 열을 밖으로 내보내 몸을 식힌답니다. 귀에 에어컨을 달고 다니는 셈이에요. 등에 봉이 하나만 솟은 단봉낙타도 사하라 사막을 대표하는 동물이에요. 단봉낙타는 원래 자유로이 사하라 사막을 거닐던 동물이지만 언젠가부터 인간에게 길이 들어 **가축** 이 됐어요. 단봉낙타를 길들인 이유는 단순해요. 사막을 가로지를 때 단봉낙타만 한 동물이 없거든요. 단봉낙타는 며칠 동안 물을 마시지 않아도 끄떡없지만, 물이 있으면 10분에 100리터나 급히 들이켜요. 다른 포유류가 이렇게 많은 물을 한꺼번에 마셨다가는 죽고 말 거예요.

낙타는 속눈썹이 긴 데다 콧구멍이 좁고 기다래 모래 폭풍이 일어도 속눈썹으로 눈을 덮고 콧구멍을 닫을 수 있어요. 낙타 하면 떠오르는 등 위의 혹은 지방으로 가득 차 있지요. 이 지방은 분해되어 에너지가 된답니다.

▲ 사막의 동식물은 뜨겁고 건조한 기후에 적응했다.
　사하라 사막에서 볼 수 있는 겨우살이선인장(위)과 단봉낙타(아래)

▲ 기후변화로 지구가 뜨거워지면서 사막화가 빠르게 일어나고 있다.

교과서 심화 개념

사막화

토양이 황폐해지고 기후가 건조해져 더 이상 식물이 자라나지 못하면 숲이나 들판은 순식간에 헐벗게 된답니다. 이 과정을 사막화라고 해요. 한번 사막화가 진행된 땅을 원래대로 되돌리기 위해서는 많은 노력과 시간이 필요해요.

그런데 사하라 사막은 점차 넓어지고 있어요! 미국 메릴랜드 대학교의 수만트 니감 교수가 이끄는 연구팀은 2018년 3월, 지난 100여 년 동안 사하라 사막의 면적이 10퍼센트 늘어났다는 사실을 밝혀냈어요. 대체 왜 이런 일이 일어나는 걸까요?

인간은 두 가지 방식으로 **사막화** 를 일으키고 있어요. 하나는 농경이나 난방을 위해 삼림을 파괴하는 행위예요. 다른 하나는 초원을 파괴하는 무분별한 방목이고요. 하지만 메릴랜드 대학교 연구원들은 사하라 사막이 넓어지고 있는 이유를 기후변화 때문이라고 결론지었어요.

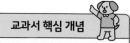

교과서 핵심 개념

온실가스
지구 대기층을 두껍게 덮고 태양에서 오는 열을 가두어 지구 온난화를 일으키는 기체를 통틀어 온실가스라고 불러요. 이산화탄소와 메탄이 대표적이랍니다.

그동안 지구의 평균 기온은 수차례 바뀌어 왔어요. 인류가 지구상에 나타나기 훨씬 오래전에도 그랬고요. 다만 대부분 기후변화의 속도가 느렸지요. 그런데 인간이 온실가스 나 산업 폐기물로 환경을 오염시켜서 기후변화 속도를 엄청 빠르게 만들었답니다. 결국 사하라 사막은 인간의 활동과 자연 현상이 맞물려 넓어지고 있는 거지요.

모래 폭풍에 물 부족에 흙먼지까지…. 사막이 넓어질수록 사막에 적응하지 못한 동식물들이 살아갈 공간이 좁아져요. 사막이 되어 버린 땅을 되살리는 건 화성에 농장을 세우는 것만큼이나 어려운 일이고요. 하지만 우주 개척을 통해서 돌파구를 찾아낼 때까지 기다리기만 해서는 안 되겠죠. 우리 지구는 지금 당장 도움의 손길이 필요하니까요.

이것만은 꼭 기억하세요

☑ 사막에 사는 식물은 땅속 깊이 뻗은 뿌리와 작은 이파리로 몸속에 물을 가둬 놔요.

☑ 낙타의 긴 속눈썹과 등 위의 혹은 모두 사막에서 살아남기 위한 전략이에요.

☑ 온실가스로 지구의 온도가 높아지면 숲처럼 사막이 아니던 곳도 사막으로 변하는 사막화가 일어나요.

축축한 숲에서 살아남기

가장 완전한 생태계는 어디일까요? 우선 생산자인 식물이 잔뜩 있어야 할 거예요. 소비자의 수가 균형을 이루고 있고요. 이들이 죽으면 처리할 분해자, 즉 균류도 필요해요. 식물이 쑥쑥 자라기 위한 햇빛과 물, 적당한 기온, 그리고 영양이 풍부한 토양도 빼놓을 수 없겠죠? 이 모든 것이 갖춰진 생태계를 머릿속에 그려 보세요. 대부분 '숲'이 떠오를 거예요.

교과서 심화 개념 1%

부엽토
부엽토는 낙엽을 포함한 숲의 유기물이 썩어서 만들어진 흙이에요. 영양분이 많아서 부엽토가 풍부한 지역에서는 식물이 잘 자라요.

교과서 핵심 개념

관목
수십 센티미터에서 2미터 정도까지 자라는 키 작은 나무를 관목이라고 해요. 마치 덤불처럼 넓게 퍼져 자라지요.

숲은 단순히 나무가 많이 자라는 특정한 지역을 뜻하지 않아요. 완전한 생태계인 숲은 그곳에 서식하는 동물뿐만 아니라 우리에게도 중요한 장소예요. 숲이 우리와 수십 킬로미터 떨어져 있더라도 말이죠.

숲은 약 4억 년 전 나무가 생겨났을 때 처음 만들어졌어요. 정확히는 지구에서 처음으로 새싹이 돋아나고 약 1,000년 후에 최초의 숲이 탄생했지요. 1,000년은 인간의 어떠한 간섭도 없이 토양에서 자연이 스스로 번성해 진짜 숲을 키우는 데까지 걸리는 시간이기도 해요. 이때 죽은 식물이 부엽토 가 되어 토양의 영양분으로 쓰이고 나무 아래에는 이끼와 관목 이 자라기 시작했어요. 여기서 자란 열매는 초식동물을 끌어들였고 그 뒤로 포식자들이 모여들었지요. 이게 바로 숲이 성장할 때까지의 역사랍니다.

교과서 심화 개념

초대륙
한때 지구의 대륙은 한 덩어리로 뭉쳐 있었어요. 이 거대한 대륙을 초대륙이라고 부르지요. 고생대에 만들어진 초대륙 판게아는 고생대 말부터 중생대 초에 이르기까지 로라시아와 곤드와나라는 두 초대륙으로 분리됐다가 오늘날과 같은 형태로 서서히 변해 갔답니다.

그렇다고 해서 모든 숲이 4억 년 전에 만들어졌다는 말은 아니에요. 지구의 역사를 겪으며 많은 숲이 도저히 해결할 수 없는 어려움에 부딪혔기 때문이지요. 예를 들어 강우량이 줄어들면 숲에 꼭 필요한 물이 부족해질 수 있어요. 보통 1년에 200밀리미터 이상이 필요하거든요. 화산 폭발 같은 자연재해가 숲 곳곳을 텅 비우거나 아예 지구에서 숲을 사라지게 하기도 해요.

하지만 그래도 사라지지 않은 숲이 있답니다. 예를 들어 호주의 데인트리 열대우림은 이 지역이 고대의 **초대륙** '곤드와나'의 일부였던 약 1억 년 전부터 존재했어요. 세계에서 가장 오래된 열대우림이지요. 그렇다면 이 숲에 있는 나무들도 1억 년 전에 태어났을까요? 물론 아니에요. 다른 모든 생명체처럼 식물도 언젠가는 죽기 때문에 오래된 나무는 점차 사라지고 숲의 빈 자리는 새로운 나무로 채워지지요.

그렇지만 나무는 놀라울 정도로 회복력이 좋아요. 과학자들의 연구에 따르면 미국 캘리포니아에 있는 지구에서 가장 오래된 나무는 4,800년 전부터 자라고 있어요! 이집트에 있는 기자의 대피라미드보다 더 오래됐지요.

많은 사람들이 숲을 지구의 폐라고 부르곤 해요. 수많은 식물이 산소를 만들어 내기 때문이겠지요! 하지만 숲과 그곳에 사는 동물들도 숨을 쉬면서 숲에서 만들어진 산소의 대부분을 소비해요. 예를 들어 커다란 아마존

교과서 핵심 개념

해조류
바다에 사는 조류를 통틀어 해조류라고 해요. 우리가 잘 아는 미역, 김, 다시마, 파래 등이 여기에 속하지요. 해조류는 엄밀히 말해 땅 위에서 자라는 식물과는 구조가 다른 원생생물에 속해요. 하지만 광합성을 통해 산소를 만들고 지구의 대기를 유지한답니다.

교과서 심화 개념 1%

기후대
기후대는 서로 기후가 비슷한 지역을 묶어서 부르는 말이에요. 보통 위도에 따라 기후대가 나뉘지요. 우리나라는 온대 기후대에 속해 있지만, 기후변화로 인해 조금씩 아열대 기후대로 바뀌어 가고 있답니다.

열대우림에는 전 세계 동식물의 10분의 1이 살고 있어요. 아마존에서 만들어지는 산소는 그만큼 많은 동식물에게 소비되어 없어지고요. 지구의 폐는 바다와 해조류 라고 하는 편이 더 맞는 말이랍니다. 대신에 숲은 탄소를 품는 중요한 역할을 맡고 있어요. 식물 안에 저장된 탄소가 공기 중으로 모두 빠져나온다면 엄청난 기후변화가 일어나게 될 거예요. 나무가 죽어서 땅에 묻히면 석탄이 될 수 있는 것도 바로 이 탄소를 품고 있기 때문이랍니다.

숲의 나무들은 모두 햇빛이 잘 드는 자리를 차지하기 위해 싸워요. 이때 키가 커서 빛을 잘 받는 나무를 '우점종', 빛을 가장 적게 받는 나무를 '피압종'이라고 해요. 약한 식물이 살아남기 위해 강한 식물의 뿌리에 달라붙어 영양가가 높은 탄수화물을 전부 빼앗기도 해요.

동물은 어떨까요? 숲은 바닥부터 나무 꼭대기까지 여러 층으로 나뉘어 있는데, 숲의 동물은 서로 다른 층에 살아요. 북반구의 아주 추운 지역에 있는 침엽수림인 '타이가'든 열대의 밀림이든, 모든 숲에서 똑같이 나타나는 현상이지요. 숲의 여러 층은 오른쪽 그림과 같아요.

숲 내부의 구조는 비슷하지만, 숲을 이루는 나무의 종류는 기후대 마다 서로 달라요. 과학자들은 어떤 기후대에 있고 어떤 나무가 많이 자라는지에 따라 숲을 몇 가지 종류로 나누었답니다.

① 임관층

② 관목층

③ 하목층

④ 임상층

① 임관층: 새와 박쥐, 나비는 키가 큰 나무 위에 살아요. 이 층을 임관층이라고 하지요.

② 관목층: 나무 꼭대기 밑에는 원숭이와 새를 볼 수 있는 관목층이 있어요.

③ 하목층: 숲의 잎사귀가 본격적으로 우거지는 높이보다 아래쪽에 있어요.

　　　　　뱀과 나무개구리를 비롯한 동물들이 이곳의 나무 몸통이나 덤불 속에 살아요.

④ 임상층: 낙엽과 숲의 여러 찌꺼기로 덮인 토양이에요. 원생동물부터 큰 포유류까지

　　　　　숲에 사는 동물 대부분이 이곳에 살고 있답니다.

교과서 핵심 개념

낙엽수
가을에 색이 변해 결국 떨어져 내리는 넓은 잎을 지닌 나무예요. 우리가 아는 나무 대부분이 여기 속한답니다. 은행나무도 낙엽수예요.

침엽수
잎이 바늘처럼 쭉 뻗어 있고 1년 내내 푸른 나무예요. 소나무나 전나무가 있지요. 침엽수는 보통 겉씨로 번식한답니다.

첫 번째는 열대우림이에요. 지구의 적도 근처를 중심으로 잎이 늘 푸른 상록수가 빽빽하게 뒤얽힌 숲이지요. 이곳에서 자라는 나무는 계절에 따라 잎을 조금씩 떨어뜨리기도 해요. 열대우림은 낙엽수림보다 흔하지 않지만 그 속에 사는 동식물은 훨씬 다양하답니다. 우리 지구에 살고 있는 모든 동식물 가운데 거의 절반을 볼 수 있는 곳이기도 하지요.

두 번째는 낙엽수림이에요. 이름 그대로 낙엽을 떨어뜨리는 나무들이 모여 사는 숲이에요. 잎사귀는 언제나 가을이 시작될 때 떨어져요. 하지만 숲이 생겨났을 때부터 낙엽을 떨어트린 것은 아니에요. 최초의 낙엽수 는 약 6000만 년 전에 나타났지요. 이때 지구의 유일한 대륙이었던 판게아는 이미 곤드와나와 로라시아로 나뉘고 있었어요. 그래서 낙엽수림은 대륙별로 서로 다르고, 숲에 사는 동식물의 종도 거의 같지 않답니다.

세 번째는 침엽수림이에요. 넓적한 잎사귀 대신에 길쭉한 솔잎을 지닌 나무들이 자라지요. 전나무와 소나무가 바로 침엽수 예요. 침엽수림은 아메리카와 유라시아 대륙의 추운 북쪽 지역을 따라 자리하고 있어요. 남쪽 지역에서도 볼 수 있긴 하지만 대부분 사람이 가꾼 숲이에요.

네 번째는 혼성림이에요. 여러 종류의 나무가 골고루 섞인 숲이지요. 침엽수림과 낙엽수림의 나무가 같은 숲에서 자랄 때 생긴답니다. 우리나라가 있는 온대 기후대에서 자연적으로 자라난 숲은 대부분 혼성림이에요. 다시 말해 산이나 평지에 혼성림이 울창하게 가꿔져 있다면, 그곳의 자연은 오랫동안 잘 보존되어 있다는 이야기랍니다.

▲ 왼쪽부터 침엽수림, 열대우림, 낙엽수림, 혼성림

이것만은 꼭 기억하세요

☑ 공기 중의 탄소를 붙잡아 광합성에 이용하는 식물이 모인 숲은 지구의 탄소 저장소예요.

☑ 숲은 밑에서부터 임상층, 하목층, 관목층, 임관층으로 나뉘고 각기 다른 생물이 살아요.

☑ 기후대마다 자라는 나무에 따라 숲은 크게 열대우림, 낙엽수림, 침엽수림, 혼성림으로 구분해요.

예습

**과학 교과서
정복하기**

복습

6장

지구를 뒤덮은
무시무시한 그림자

불만 켜도 생태계 파괴?

땅이 마르면 식량 창고도 마른다

감염병을 부르는 자연 파괴

✏️ 불만 켜도 생태계 파괴?

밤에 거리를 둘러보세요. 낮만큼은 아니지만, 돌아다니는 데 불편이 없을 정도로 주변이 밝게 빛날 거예요. 전등이 많은 곳이면 어디든지 빛의 파동이 사방으로 퍼져 나가요. 먼지와 스모그 입자가 빛을 반사하고 산란시켜 도시 위에 얇고 둥근 지붕을 만들지요. 환경을 중요하게 생각하는 사람들은 이 현상이 공해나 다름없다고 여겨요. 왜일까요?

인구가 많은 지역일수록 조명이 많아요. 가로등이 거리에 줄지어 서 있으니까요. 형형색색으로 빛나는 간판도 사람들의 시선을 사로잡아요. 지나가는 자동차들은 거리를 환히 비추지요. 만일 갑자기 불이 모두 꺼진다면 우리는 겁에 질려 어쩔 줄 모를 거예요.

많은 경우, 사람들은 밤거리의 조명을 제한하지 않아요. 오히려 한 군데도 남김없이 환하게 빛을 밝히지요. 오늘날 지구에 사는 사람 중 10퍼센트 이상은 진짜 '밤'을 알지 못해요. 매일 밤 인공조명이 햇살처럼 비추니까요. 도시 위를 덮은 얇은 지붕과 더불어 지구 곳곳에서 밝게 빛나는 영역이 23퍼센트로 늘어났어요. 또한 실외조명의 양은 매년 2퍼센트씩 늘어나고 있답니다.

대도시가 많고 산업이 발전한 유럽과 미국은 19세기부터 밤을 환하게 밝혔어요. 지금도 밤이 오면 거리 곳곳에서 낮처럼 인공조명이 빛나고 있

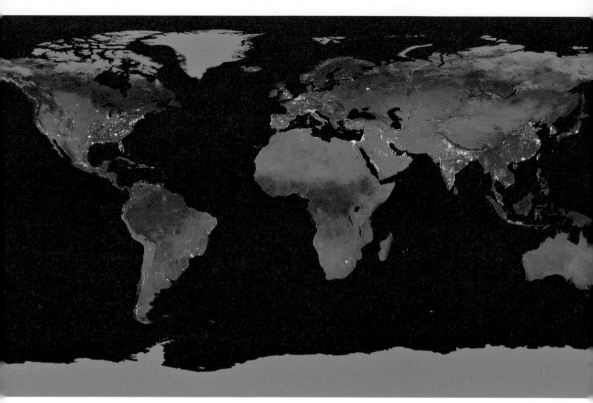

▲ 2016년, 위성 사진을 이용해 만든 인공조명 지도. 노랗게 빛날수록 밤에 인공조명이 강한 지역이다.

답니다. 20세기 중반 이후부터는 아시아, 아프리카, 남아메리카에서도 인공조명이 점점 늘어났어요. 도시가 제멋대로 퍼지고 있는 데다, 전기가 비교적 값싸기 때문이에요. 인공조명의 수는 전쟁이나 내전같이 서로 무력으로 충돌하는 지역에서만 줄어들고 있답니다.

　사람들은 전등 빛에 눈이 멀어 머리 위 수많은 별을 거의 볼 수 없지요. 더구나 별을 한 번도 보지 못한 세대도 있답니다. 아쉽지만 우리는 은하수의 멋진 광경을 즐기지 않아도 살 수 있어요. 매일 밤하늘의 별을 관측하며

천체

밤하늘에 보이는 행성과 항성, 소행성, 위성 등 우주에 있는 물질 덩어리를 천체라고 해요.

교과서 심화 개념

적색 목록

유네스코의 하위 기관인 국제자연보전연맹(IUCN)이 펴내고 있는 생물의 목록이에요. 지금까지 이름이 알려진 생물의 서식지, 개체수, 멸종위기 등급 등 다양한 정보를 담고 있지요. 단, 적색 목록에 이름이 올랐다고 해서 모두 멸종위기에 처한 건 아니에요.

천체 를 연구하는 천문학자의 상황은 나빠졌지만요. 하지만 이러한 생각은 인간의 매우 이기적인 추론이에요. 지구에 우리만 있는 게 아니니까요.

우리가 밤마다 빛을 환하게 밝히고 사는 탓에 다른 종들도 분명 낮과 밤을 가리지 않고 밝은 빛에 시달릴 거예요. 예를 들어 하루살이와 나방은 가로등 주위에 떼 지어 모여 있어요. 야호! 이제 새들이 제대로 된 식사를 즐길 시간이지요. 하지만 낮에 활동하는 주행성 곤충이 밤에도 계속 깨어 빛을 쫓으면 결국 제대로 살거나 번식하지 못하고 죽기 마련이에요. 이렇게 많은 곤충이 번식할 기회도 없이 죽는다면, 이 곤충들을 잡아먹고 사는 새역시 다음 계절에 굶주리게 되겠지요.

손전등 주변에 모이는 곤충은 박쥐에게 손쉬운 먹잇감이에요. 그런데 크고 강한 집박쥐는 만족스러운 저녁을 즐길 수 있지만, 빛에 노출된 작은 말굽박쥐는 포식자에게 드러나 점차 사라지고 있지요. 현재 박쥐들은 **적색 목록** 에 멸종위기 동물로 등록되어 있답니다.

바다거북도 인공조명에 삶을 위협받는 동물이에요. 암컷 바다거북은 2년에 한 번씩 어두운 모래사장에 알을 낳아요. 그래야 알이 안전하니까요. 하지만 인공조명이 밤에도 모래사장을 환하게 비추다 보니 알을 낳기란 매번 어려워요. 어쩔 수 없이 알을 모래사장이 아닌 바닷속에 던져 놓고 2년 후에 다시 번식해야 하지요. 운이 좋아서 모래사장에 알을 낳는다고 해도 문제가 생겨요. 만약 새끼 거북이 밤에 부화한다면, 해안 도시의 밝은 불빛을 바다로 착각할 수 있어요. 그래서 바다 반대쪽인 육지로 기어가다 말라 죽는답니다.

빛과 어둠의 균형은 자연에서 매우 중요해요. 주머니쥐처럼 밤에 활동하는 야행성 동물은 포식자에게 잡히지 않으려고 어둠에 의존하지요. 밤나방이 꽃가루를 옮겨다 주는 식물은 해가 진 후에야 꽃을 피워요. 하지만 인공조명 때문에 해가 졌다는 걸 인식하지 못하면 꽃봉오리를 열지 않을 수도 있어요. 인공조명이 환히 켜진 지역에서 동면하는 철새 들은 잠을 적게 자고 먹이를 더 많이 먹기 때문에 더욱 빨리 자라지요. 다 자란 철새들은 그곳에 눈이 내리고 나서야 집으로 날아가요. 게다가 어린 새들은 밝은 빛을 향해 날아가다 건물에 부딪쳐 죽거나, 길을 잃고 근처를 빙빙 날아다닌 탓에 완전히 지쳐 버리지요. 해마다 북아메리카에서만 15억에서 20억 마리의 철새가 죽고 있답니다.

여기까지 읽고 나면 인공조명이 지배하는 세상이 불안할 거예요. 다행히 여러분은 혼자가 아니에요. 인공조명을 줄이고 밤하늘을 뒤덮고 있는 빛 공해 를 없애는 운동이 세계 곳곳에서 벌어지고 있으니까요. '국제밤하늘협회(IDA)'의 활동이 그중 하나예요. 국제밤하늘협회는 우리에게 필요한 조

교과서 핵심 개념

철새
조류 중에는 계절에 따라 먼 거리를 이동하며 살아가는 종류가 있어요. 이런 조류를 철새라고 하지요. 예를 들어 우리나라를 찾는 대표 철새인 제비는 따뜻한 봄에 우리나라에 와서 둥지를 짓고 새끼를 키워요. 하지만 새끼가 다 큰 여름부터는 동남아시아로 이동해 그곳에서 겨울을 나지요. 철새와 반대로 한곳에서 1년 내내 사는 조류를 텃새라고 한답니다.

빛 공해
빛 공해는 도시의 조명이 필요 이상으로 밝고 많아서 사람과 자연환경에 주는 피해를 말해요. 가로등을 예로 들어볼게요. 밤거리를 환히 비추는 가로등 불빛은 땅에 반사되어 집으로 들어올 수 있어요. 과도한 빛은 잠을 자는 데 방해가 될 뿐만 아니라 눈부심으로 눈을 상하게 만들지요.

명만 남기고, 빛 공해를 일으키는 조명을 줄이기 위해 인간과 자연 모두에 게 알맞은 방법을 찾고 있는 단체예요. 빛이 생태계를 위협한다고 해서 전 기를 완전히 버리고 모닥불이나 횃불을 쓰던 때로 돌아갈 수는 없으니까요.

국제밤하늘협회에서 제안하는 방법은 간단해요. 우선 전등이나 손전등 의 불빛은 위나 옆이 아닌 아래로 향해야 해요. 위쪽이 덮인 가로등이나 갓 을 씌운 등을 사용하면 된답니다. 우리가 정말 필요할 때, 필요한 곳에서만 조명을 켜는 것도 하나의 방법이에요. 으슥한 골목처럼 조명 없이는 아무 것도 볼 수 없는 곳에서 등을 켜는 거예요. 대신에 장식용 등이나 밝게 빛나 는 광고판처럼 없어도 생활에 불편을 주지 않는 조명은 끄도록 해요.

국제밤하늘협회는 별이 가득 수놓인 어두운 밤하늘을 보호하는 활동도

▲ 2012년에 밤하늘 보호 공원이 된 미국의 빅벤드 국립 공원. 빛 공해를 일으키는 인공조명이 단 하나도 없는 곳이다.

해요. 국제밤하늘협회가 지정한 '밤하늘 보호 공원'은 남극 대륙을 제외한 모든 대륙에 있어요. 어두운 밤하늘을 합법적으로 보존하기로 주민과 국제밤하늘협회, 정부가 모두 동의한 공간이지요. 현재 60개가 넘는 밤하늘 보호 공원이 방문객에게 개방되어 있답니다.

모든 공원이 국제밤하늘협회 목록에 오를 수 있는 건 아니에요. 선정 기준이 엄격하거든요. 먼저 은하수를 맨눈으로 볼 수 있는 곳이어야 해요. 인공조명이나 빛 지붕은 흐릿한 상태로, 강한 눈부심이 없어야 하지요. 국제밤하늘협회는 1년에 한 번씩 이런 조항이 잘 지켜지는지 확인하고 있어요. 밤하늘 보호 공원에 조명등이나 전구를 설치하려면 국제밤하늘협회와 조정해야 한답니다.

밤에 빛이 없어지는 걸 두려워하지 마세요. 마음 놓고 어두운 길을 따라가 보세요. 그곳에서 오색찬란한 별과 **생체시계** 에 맞는 삶을 되찾은 생물들이 여러분을 기다리고 있답니다.

교과서 심화 개념

생체시계

생물의 몸에서 되풀이되며 일어나는 변화를 생체시계라고 해요. 예를 들어 아침마다 일정한 시간에 잠에서 깨어나고, 하루 3번 밥을 먹고, 해가 지면 슬슬 졸리는 모든 과정이 생체시계를 따르지요. 서식지 파괴나 빛 공해 같은 외부 작용 때문에 생체시계가 흐트러지면 생물의 삶이 위협받는답니다.

이것만은 꼭 기억하세요

☑ 지나친 불빛은 낮과 밤의 경계를 없애 바다거북과 같은 많은 생물의 생존을 어렵게 해요.

☑ 적색 목록은 보호가 필요한 동식물을 알리기 위해 멸종위기 등급을 매겨 기록한 생물의 목록이에요.

☑ 생물에게는 생체시계가 있어서 때에 따라 몸에서 되풀이되는 변화를 알 수 있어요.

땅이 마르면 식량 창고도 마른다

농업에는 넓고 기름진 땅과 많은 노력, 그리고 물이 필요하지요. 농업이 무너지면 지금의 인구를 먹여 살릴 식량을 구하기 어려워져요. 그런데 농업을 위태롭게 만드는 문제가 일어나고 있어요. 바로 땅의 기반인 '토양'이 황폐해진다는 거예요. 토양의 황폐화는 식량을 부족하게 할 뿐 아니라 생태계 파괴로도 이어져요. 대체 왜 그럴까요? 이 문제를 막으려면 어떻게 해야 할까요?

교과서 핵심 개념

광물

광물은 자연에서 만들어졌고 원자가 규칙을 따라 구조를 이루고 있는 고체 무기물이에요. 암석을 이루는 재료지요. 지금까지 알려진 광물은 약 3,000종으로, 그중에는 인간의 삶에 유용한 것도 많답니다.

퇴적물

작은 알갱이 형태로 땅에 쌓이는 물질을 말해요. 주로 바람이나 물을 타고 이동해 한곳에 쌓이지요. 퇴적물이 모여 굳으면 퇴적암이 된답니다.

발밑에 있는 땅은 모두 토양일까요? 모래밭, 해변의 조약돌, 도랑에 있는 진흙도 모두 토양일까요? 아니에요. 토양은 식물이 잘 자랄 수 있는 지구 표면의 특별한 층이지요. 토양에는 광물 입자뿐만 아니라 물과 공기, 유기물, 퇴적물 도 있어요. 지구의 나머지 표면과 비교하면 토양은 매우 얇아요. 토양의 두께가 겨우 25센티미터도 안 되는 지역이 많답니다.

토양은 층층이 쌓인 케이크와 비슷해요. 학자들은 이 층들을 '층위'라고 부르지요. 보통 오른쪽 그림과 같이 구분한답니다.

비옥한 토양일수록 많은 생명을 지탱할 수 있

❶ **표토**: 가장 위쪽에 있는 층으로 식물이 자라는 토양이에요. 낙엽처럼 썩어 가는 유기물 잔해로 만들어진 부엽토로 덮인 지역도 있답니다.

❷ **심토**: 표토에서 내려온 토양과 유기물, 광물이 섞여 있는 층이에요. 식물이나 다른 유기체의 성장에 필요한 영양분이 가장 풍부하지요. 심토는 표토의 밑에 있지만, 표토보다 나중에 만들어진 층이랍니다.

❸ **모질물**: 기반암에서 떨어져 나온 암석 조각들과 퇴적물이 모인 층이에요. 이곳의 퇴적물은 유기물과 섞인 다음, 점점 표토로 나뉜답니다.

❹ **기반암**: 아직 쪼개지지 않은 암석층이에요. 보통 화강암, 현무암, 석회암 같은 암석으로 이루어져 있지요. 화강암과 현무암은 마그마가 식어서 굳은 화성암이에요. 석회암은 동물의 사체가 쌓여 만들어진 퇴적암이랍니다.

교과서 심화 개념 1%

늪
땅바닥이 움푹 빠지고 늘 물이 괴어 있는 곳이에요. 위에 식물이 빽빽하게 자라나는 경우가 많아서 얼핏 보기에는 땅처럼 보이지만, 그 안은 물컹한 퇴적물과 물이 가득하지요.

관개
논이나 밭에 인공적으로 물을 공급하는 일을 말해요. 관개를 이용한 '관개 농업'을 시작하며 농업 기술이 본격적으로 발전했답니다.

어요. 흙 속에 사는 박테리아와 땅에서 자라는 식물은 동물의 먹이 겸 서식지가 되지요. 토양이 척박해지면 생태계 전체가 무너져 버려요. 게다가 깎여서 얇아진 토양이 회복되는 과정은 매우 느려요. 2.5센티미터 두께의 토양이 만들어지는 데 약 500년이 걸린답니다.

자연 현상 때문에 토양이 황폐해질 수도 있어요. 예를 들어 모래 폭풍이 너무 오래 이어지거나 지하수가 주변을 늪 으로 바꾸면 토양이 줄어들지요. 하지만 물을 지나치게 낭비하거나 너무 많은 동물을 방목하거나 농경지를 다른 목적으로 사용하는 사람의 활동이 더 큰 역할을 해요. 지금도 우리는 도시와 공장을 짓고 땅에 도로와 수도관을 깔고 지하자원을 파내고 있어요. 게다가 밭을 잘못 갈면 실수로 토양의 위쪽 층위가 섞여 토양의 생산력이 크게 떨어진답니다.

이런 모든 문제 때문에 토양이 척박해지고 있어요. 염분은 늘어나고 수분을 유지하는 능력은 줄어들고 있지요. 토양을 덮어 보호하는 식물이 완전히 사라진 탓에 다양한 생물이 자라날 환경도 적어지고 있어요.

물을 줄 수 있는 양보다 작물을 더 많이 심으면 그 땅은 생명이 없는 사막으로 변할 수 있지요. 게다가 물을 공급하는 관개 작업을 위해 지하수와 호수의 물을 빼내면 물 균형이 깨져요. 실제로 이런 이유 때문에 중앙아시아의 아랄해가 거의 사라져 가고 있어요. 가장 가까운 숲의 나무를 다 베어 내면 눈과 얼음이 녹은 물과 빗물을 보관할 곳이 사라져요. 또 목동들이 너무 많은 소를 목초지로 보내면 풀잎 하나하나가 씹히고 짓밟힌답니다.

사막화 현상 중 가장 위험한 건 토양에 염분이 늘어나는 '염류화'예요. 토양에 쌓인 소금 결정은 시간이 지날수록 점점 늘어나 식물에 독이 되지요. 염분이 뿌리와 줄기에 침투하면 조직으로 들어가는 물을 막아 식물이 말라 죽거든요. 염분은 관개나 지하수를 통해 밭으로 들어갈 수도 있어요. 암석이 깎이고 부서지면 바람에 휩쓸려 들어갈 수도 있지요. 산업 폐기물 때문에 염분이 늘어나기도 해요. 무책임한 몇몇 공장 주인들이 벌판에 산업 폐기물을 쏟아붓고 있으니까요.

인간은 육지의 40퍼센트를 식량 생산에 사용해요. 채소와 과일, 각종 곡물과 콩을 재배하는 밭을 모두 한곳에 모으면 남아메리카 크기와 맞먹을

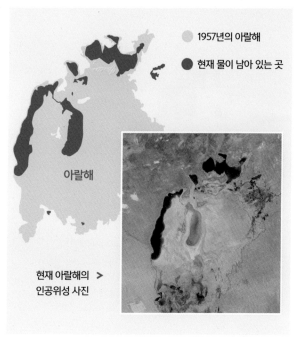

● 1957년의 아랄해

● 현재 물이 남아 있는 곳

아랄해

현재 아랄해의 ＞
인공위성 사진

◀ 한때 세계에서 네 번째로 컸던 아랄해는 인간의 욕심으로 그 모습이 이제 거의 남아 있지 않다.

거예요. 그런데 지구의 경작지 가운데 거의 절반이 건조한 지역에 있어요. 과학자들은 지구 토양의 3분의 1이 이미 황폐해졌다고 염려하고 있답니다.

토양 황폐화는 환경 문제일 뿐만 아니라 경제, 사회 문제이기도 해요. 식량이 줄어들고 수질이 나빠지고 저수지가 내려앉고 질병을 일으키고 있지요. 그래서 사람들은 더 나은 삶을 찾아 토양 황폐화의 영향을 받지 않는 지역으로 이동하고 있어요. 2045년까지 약 1억 3500만 명의 사람들이 자신의 나라를 떠나야 할 거예요. 그때쯤이면 나라에 있는 토지가 생산력을 모두 잃을 테니까요. 지금도 약 13억 명의 사람들이 토양 황폐화의 영향을 받고 있지요.

▲ 아랄해가 말라붙은 뒤 사막에 남은 녹슨 선박들

토양 황폐화를 막으려면 우선 자원을 꼭 필요한 만큼만 써야 해요. 사용하는 물의 양도 중요해요. 예를 들어 물을 줄 때 쓰는 호스에 일정한 간격으로 구멍을 뚫어 이 구멍으로 물을 한 방울씩 떨어뜨리는 방울물 주기를 이용하면 소중한 물을 절약할 수 있어요. 토양의 겉을 비닐로 덮거나 물을 머금어 보관하는 히드로겔을 이용하면 토양 속 물의 증발을 막을 수 있고요. 눈을 보존하는 것도 방법이에요. 눈 더미가 있으면 식물이 얼어붙지 않는 데다 나중에 눈이 녹으면 토양이 수분을 유지할 수 있답니다.

모래가 너무 많이 쌓이지 않도록 밭을 보호하는 일도 중요해요. 일반 울타리보다는 모래밭 주변에 나무를 심는 게 좋지요. 숲이 있으면 기름진 토양층이 파괴되는 걸 막을 수 있으니까요.

토양 황폐화는 식량 생산을 줄이고 가격을 높여요. 농민들의 소득이 낮아지면 일자리를 잃은 사람이 늘어나 경제가 어려워지지요. 땅을 함부로 사용하는 행동이 개인의 운명뿐만 아니라 결국 나라와 지역의 모든 주민, 더 나아가 생태계 전체에 영향을 미칠 수 있다는 걸 명심해야 한답니다.

이것만은 꼭 기억하세요

☑ 토양은 식물이 자라는 데 필요한 무기물과 유기물로 지구 표면을 덮고 있어요.

☑ 토양을 위에서부터 표토, 심토, 모질물, 기반암으로 나누어 토양 층위라고 해요.

☑ 토양 황폐화는 땅에 발붙이고 살며 육지의 40퍼센트를 식량 생산에 쓰는 인간에게도 매우 심각한 문제예요.

감염병을 부르는 자연 파괴

코로나19를 일으키는 신종 코로나 바이러스는 야생박쥐가 퍼뜨렸다는 학설
이 가장 널리 받아들여지고 있어요. 에볼라 바이러스와 사스 바이러스 역시
야생박쥐에게서 옮아왔지요. 야생박쥐는 어떻게 바이러스의 온상이 됐을까
요? 왜 계속 새로운 감염병을 옮길까요?

교과서 심화 개념

단백질 서열

단백질은 아미노산으로 이루어져
있어요. 아미노산은 20종이 있는
데, 어떤 아미노산이 어떻게 결합
하느냐에 따라 단백질의 종류와
특성이 바뀌지요. 단백질을 이루는
아미노산의 서열을 단백질 서열이
라고 합니다. 단백질 서열 안에
는 생물체의 다양한 생명 현상을
결정하는 정보가 담겨 있어요.

바이러스의 성공은 세포에 침입하는 방법에 달려
있어요. 바이러스가 세포에 들어가려면 세포막을
뚫어야 해요. 세포막에는 외부의 물질이나 신호를
받아들이는 역할을 하는 막 단백질이 있어요. 바
이러스는 이 단백질에 침입해 세포 안으로 들어갈
수 있는 길을 열게 만들지요. 일단 바이러스가 한
종류의 단백질에 침입하면 비슷한 모양의 다른 단
백질에도 달라붙을 수 있어요. 진화적으로 비슷한
생물은 도 비슷해서 바이러스는 비슷
한 생물 사이를 쉽게 옮겨 다니지요. 원숭이와 유인원 의 바이러스인 인간
면역결핍 바이러스(HIV)가 사람에게 감염되어 후천성 면역결핍증(AIDS, 에
이즈)을 일으킨 이유도 이 때문이랍니다.

하지만 사람에게 바이러스를 전파하는 동물이
영장류만은 아니에요. 항온동물인 포유류나 조류
면 모두 할 수 있지요. 이와 달리 변온동물의 바이
러스는 완전히 다른 환경에서 살기 때문에, 항온동
물인 인간의 몸에서 살아남기 어려워요.

사람의 건강에 영향을 주려면 동물과 사람이
계속해서 만나야 해요. 이런 면에서 박쥐는 다양
한 방법으로 사람과 만날 수 있어서 특별해요. 어
떤 박쥐는 날아가는 도중에 배설물을 버려서 넓은
영역에 바이러스를 전파해요. 다른 동물을 물어서

교과서 핵심 개념

유인원
영장류 중 사람과 특히 가까운 종
류를 말해요. 사람을 포함해 오랑
우탄, 고릴라, 침팬지, 긴팔원숭잇
과가 유인원에 속한답니다.

매개동물
몸속에 병원체를 품고 다니며 한
생물로부터 다른 생물에게 균을 퍼
뜨리는 동물을 매개동물이라고 해
요. 모기나 바퀴벌레, 진드기 등이
대표적이지요.

이 **매개동물** 을 통해 바이러스를 전파하는 박쥐도 있어요. 아마 신종 코로
나 바이러스도 이렇게 사람에게 전파됐을 거예요. 코로나19가 처음으로 널
리 퍼진 중국 우한에는 박쥐가 살지 않지만, 박쥐나 박쥐에게 물린 동물들
을 파는 시장이 있었어요. 박쥐는 초음파 신호를 보내서 장애물에 부딪혀
되돌아오는 신호를 받아 공간을 인지해요. 초음파와 함께 튀어 나온 침방
울이 치명적인 바이러스를 전파한다고 믿는 사람들도 있답니다.

마지막으로 박쥐는 병에 걸리지 않고 바이러스를 운반할 수 있어요. 바

| 바이러스 | 야생 숙주 | 중간 숙주 | 인간에게 전파 | 유행 |

▲ 바이러스가 야생의 숙주들을 거쳐 인간에게 전파되는 과정

교과서 심화 개념

면역계

면역은 생물의 몸이 바깥에서 들어온 물질, 다시 말해 항원을 막아내는 현상이에요. 세균이나 바이러스 같은 항원이 우리 몸에 들어오면 백혈구를 비롯한 특수한 세포가 나서서 항원을 물리치고 몸을 지키지요. 이때 면역에 관련된 일을 하는 기관과 세포를 통틀어 면역계라고 부른답니다.

이러스 대부분은 박쥐의 건강을 해치지 않거든요. 이 능력은 강한 **면역계** 와는 아무 상관이 없어요. 박쥐도 바이러스가 아닌 다른 병원체가 퍼뜨리는 유행병에는 걸리니까요. 미국에서는 곰팡이가 원인인 '흰코 증후군'이 퍼지면서 박쥐가 수없이 죽었고, 거의 멸종하다시피 한 박쥐도 있어요. 아주 최근에서야 과학자들은 소수의 박쥐에게 이 곰팡이에 대한 저항력이 생겼다는 단서를 발견했어요.

박쥐와 바이러스 사이에는 일종의 휴전 협정이 맺어져 있어요. 바이러스가 마구 설치지만 않으면 박쥐 몸에서 쫓겨나지 않는다는 거지요. 바이러스가 너무 활발히 움직여서 박쥐의 몸에서 열이 나면 면역계가 활동하기 때문에 바이러스가 죽기 십상이거든요. 또 박쥐의 면역계가 항상 감시하고 있기 때문에 바이러스의 공격이 잘 먹히지도 않아요. 이 과정에서 박쥐의 몸은 가장 공격적인 바이러스를 골라내는 필터 역할을 하지만, 정작 박쥐 자신은 아프지 않아요. 이렇게 박쥐 몸속에서 살아남은 바이러스들이 사람의 몸에 들어오면 심각한 질병을 일으킬 수 있답니다.

박쥐는 포유류 중에서 유일하게 하늘을 날 수 있어요. 포식자를 만나면 바로 날아 도망칠 수 있기 때문에 오래 살지요. 게다가 아직 정확한 이유는 밝혀지지 않았지만, 박쥐는 대부분 암에 걸리지 않아요. 동면하는 것도 또 다른 예라고 할 수 있어요. 많은 박쥐는 신진대사를 느리게 해서 하루에 몇 시간, 1년에 몇 달씩 동면에 들어가요. 그런데 동면은 바이러스에도 도움이 된답니다. 동면하면 박쥐의 체온이 낮아져서 바이러스가 살아남는 데 더

▲ 2001~2006년 방글라데시를 중심으로 여러 나라에서 일어난 니파 바이러스 유행은 박쥐가 맛본 과일로
　 주스를 만들었다가 시작된 것으로 여겨진다.

좋은 조건이 되거든요. 이런 식으로 박쥐가 오래 살수록 박쥐 몸속에는 바이러스가 더 많이 쌓이게 돼요.

박쥐의 몸은 여러 바이러스가 살아가기 아주 좋은 환경이에요. 박쥐가 우리에게 퍼뜨릴 감염병이 코로나19뿐만은 아닐 거예요. 과학자들은 박쥐 종류마다 사람이 감염될 수 있는 치명적인 바이러스가 17종씩은 있을 거라고 말해요. 이렇게 동물과 사람 사이에 서로 옮기는 병을 '인수 공통 감염병'이라고 해요. 설치류나 영장류도 하나하나의 종마다 인수 공통 감염병이 10가지 정도 있지만 박쥐에게 있는 병보다는 공격성이 약해요.

문제는 야생박쥐를 비롯한 인수 공통 감염병의 숙주가 사람과 만나는 일이 점점 늘고 있다는 거예요. 야생동물이 많이 사는 열대우림은 생물 다양성이 가장 풍부하고 복잡한 생태계예요. 야생박쥐를 비롯해 아직 과학이 밝혀내지 못한 바이러스와 미생물의 터전이기도 하지요. 그런데 열대우림이 파괴되며 야생동물과 사람이 마주치는 일이 많아졌고, 이 때문에 바이러스는 새로운 숙주를 찾게 됐지요. 당장 코로나19 같은 최신 유행병만 해도 박쥐나 박쥐에게 물린 동물과 직접 만난 사람들이 있는 지역에서 생겼어요.

결국 야생박쥐 몸속의 바이러스를 막는 최선의 방법은 딱 하나예요. 박쥐와의 접촉을 줄이는 거지요. 자연을 파괴하지 말고, 야생동물을 아무렇게나 잡아먹는 행동도 하지 말아야 해요. 예를 들어 최근 과학자들은 인도의 한 박쥐 사냥꾼의 몸에서 변이된 에볼라 바이러스를 발견했어요. 게다가 바이러스뿐 아니라 이 바이러스의 항체도 발견했지요. 박쥐 사냥꾼이 자기도 모르는 사이에 바이러스 때문에 병을 이미 앓았다가 나았다는 증거예요.

다행히 이 바이러스는 더 퍼지지 않고 박쥐 사냥꾼만 괴롭히다가 사라졌어요. 하지만 다음번에는 운이 나쁠 수도 있어요. 코로나19가 1년도 안 되는 시간 동안 각종 변이를 일으키며 전 세계를 뒤덮은 것처럼 말이지요. 그러니 날아다니는 바이러스 실험실이나 다름없는 박쥐에게서 멀리 떨어지는 게 가장 좋아요. 박쥐의 서식지를 침범하거나 굳이 잡아먹지 말고 박쥐끼리 자연에서 편하게 살게 내버려 두는 거지요.

이것만은 꼭 기억하세요

☑ 바이러스는 단백질 서열이 비슷한 생물 사이를 쉽게 옮겨 다니기 때문에 유인원과 사람도 서로 병을 옮길 수 있어요.

☑ 병을 일으키는 병원체를 몸에 지니고 다니며 퍼뜨리는 동물을 매개동물이라 해요.

☑ 자연이 파괴될수록 더 많은 바이러스가 사람에게 옮겨져 새 감염병이 퍼질 수 있어요.

중1	III. 생물의 다양성
중2	VII. 수권과 해수의 순환
중2	IX. 재해, 재난과 안전
중3	VIII. 과학 기술과 인류 문명

예습

**과학 교과서
정복하기**

복습

| 초5-2 | 생물과 환경 |

7장

위기의 지구,
아직 늦지 않았어!

여섯 번째 대멸종을 막아라!

이제는 제대로 알자, 환경 상식

지구 살리기 대작전

여섯 번째 대멸종을 막아라!

지질학적으로 시대를 구분하는 기준은 지층 암석의 큰 차이나 화석의 변화예요. 화석이 다르다는 건 시기마다 환경이 아주 달랐다는 사실을 의미하지요. 그런데 최근 새로운 지질 시대를 정해야 한다는 이야기가 나오고 있어요. 이 시대를 인간이 지구 환경을 바꾼다는 의미로 '인류세'라고 부르지요. 인간이 새로운 화석을 만든 것도 아닌데 왜 시대를 구분하려는 걸까요?

교과서 핵심 개념

오존층

지구 대기층의 두 번째 층인 성층권에는 중요한 영역이 있어요. 산소 원자 3개가 뭉친 '오존'이 두껍게 모여 있는 오존층이지요. 오존층은 태양에서 온 자외선을 막아 지구의 생물이 안전하게 살 수 있도록 해 줘요.

지질 시대

지구가 처음 만들어져 지층이 쌓이기 시작한 순간부터 인류가 등장해 기록을 남기기 전까지의 시간을 지질 시대라고 불러요. 문자로 역사가 남겨지기 전이기 때문에 선사 시대라고도 하지요.

인류세는 인간이 자연을 바꾸고 있는 정도가 너무 엄청나서 인간의 흔적을 지층이나 토양 등에서 찾을 수 있을 거라는 생각에 바탕을 두고 있어요. 이 단어를 널리 알린 사람은 네덜란드의 화학자 파울 크뤼천이에요. 크뤼천은 오존층 이 파괴되는 과정을 처음 알아낸 공로로 노벨 화학상을 수상한 과학자예요. 그는 인간이 기후변화를 비롯해 지구의 환경을 너무 급격하게 바꾸고 있는 현실을 표현하기 위해 '인류세'란 단어를 만들었답니다. 여러 매체를 통해 인류세를 소개하면서 인류세는 〈네이처〉 같은 과학 학술지에서도 쓰이는 말이 됐어요.

지질 시대 를 새로 구분해야 할 정도로 자연을

바꾼 인간의 활동은 무엇일까요? 첫 번째로 1만 2,000년 전 인류가 농사를 짓기 시작하면서 일어난 '농업혁명'을 들 수 있어요. 인간이 농사를 짓기 위해 나무를 베고 땅을 갈자 숲이 파괴되고 땅에 저장되어 있던 탄소가 나오기 시작했지요. 많은 동물이 서식지 파괴와 사냥으로 멸종됐고요. 이뿐만 아니라 농업을 시작하면서 문명이 발달하고 결국 지구 환경에도 큰 변화가 나타나게 됐답니다.

교과서 심화 개념 1%

방사능

물질 중에는 물질을 이루는 원자의 원자핵이 스스로 무너지며 다른 물질로 바뀌는 종류가 있어요. 이 과정을 붕괴라고 하지요. 원자핵이 붕괴할 때 많은 에너지가 함께 나와요. 이 에너지를 '방사선', 붕괴하며 방사선을 뿜는 물질을 '방사성 물질'이라고 해요. 그리고 이때 나오는 방사선의 세기를 '방사능'이라고 합니다. 방사선은 높은 에너지로 생물의 몸을 통과하며 세포를 망가뜨리기 때문에 위험해요. 그래서 방사성 물질은 되도록 멀리하고, 꼭 필요할 때는 안전하게 다뤄야 한답니다.

두 번째 큰 변화는 1945년 무렵부터 시작된 핵폭탄 실험이에요. 이 때문에 대기 중 방사능 농도가 자연 상태와 비교해 비정상적으로 높아졌지요. 이 방사능은 식물이나 흙을 통해서 지층에도 그 흔적을 남기고 있답니다.

최근에는 제2차 세계대전 이후를 변화의 시기로 보자는 의견도 있어요. 이 시기 이후를 '거대한 가속'이라고 하는데 쉽게 말해 '인류의 폭주 시기'라고 할 수 있어요. 예를 들어 제2차 세계대전 이전까지 인구는 20억 명 남짓이었어요. 하지만 전쟁을 겪으며 급격히 늘어나서 70억 명을 돌파한 뒤 지금은 80억 명을 향해 가고 있지요. 당연히 경제도 매우 빠르게 성장하고, 에너지 소비량도 엄청난 속도로 늘어났어요. 여러 나라를 잇는 국제적인 경제활동도 본격적으로 이루어졌답니다. 이런 변화 덕분에 인간은 수명이 늘고 더 편리한 삶을 누리게 됐지요.

그런데 문제도 함께 발생했어요. 예를 들어 전 세계에서 댐의 수가 5배

▲ 해변에 밀려온 쓰레기를 치우고 있는 인도네시아 어린이들. 관광으로 먹고사는 곳에서 바다 쓰레기는 삶에 심각한
위협이 된다.

이상 늘어났고, 인간이 사용하는 물의 양도 4배 이상 많아졌지요. 이전에는 거의 사용을 하지 않던 화학 비료가 전 세계에 널리 퍼지면서 토양이 오염되기 시작했고요. 아주 소수만이 누리던 자동차, 전기, 가스 난방 등을 거의 모든 사람이 누리게 되면서 대기로 온실가스가 끝없이 뿜어져 나왔지요. 사람들은 점점 더 도시로 모여 살게 됐어요. 이제 전 세계 인구의 60퍼센트 이상이, 우리나라는 무려 인구의 90퍼센트 이상이 도시에 살고 있답니다.

이런 사회, 경제 변화가 가져온 환경 변화는 엄청나요. 예를 들어 비교적 가난한 나라들은 목재를 팔아서 돈을 벌고 농경지와 도시를 더 개발하기 위해서 숲에 불을 지르고 나무를 베어 내고 있어요. 또 경제가 빠르게 발전하고 있는 나라에서는 공장이나 가정에서 나오는 폐수를 강과 하천으로 흘려 보내 수질 오염 문제를 일으키지요.

선진국도 마찬가지예요. 셀 수도 없을 만큼 많은 양의 새로운 화학 물질이 흙 속, 바다나 강 밑바닥에 차곡차곡 쌓이고 있어요. 썩지 않는 플라스틱 쓰레기가 산을 이루고요. 또 농경지에 뿌린 많은 양의 화학 비료는 작물이 모두 흡수하지 못하고 강을 통해 하구까지 흘러가서 플랑크톤 이 지나치게 많아져 물의 색깔이 바뀌는 적조를 일으켜요. 적조가 일어나면 물속의 산소가 급격히 줄어들어서 물고기와 해양생물이 떼죽음하는 죽음의 바다로 변할 수 있답니다.

교과서 핵심 개념

플랑크톤

플랑크톤은 바다에 사는 아주 작은 생물들을 말해요. 마이크로미터에서 밀리미터 크기기 때문에 우리 눈에 보이진 않아요. 플랑크톤은 스스로 움직이지 못하기 때문에 보통 바다에 둥둥 떠다니며 생활해요. 광합성을 통해 산소와 에너지를 만들고, 바다에 사는 많은 동물의 먹이가 되기 때문에 바다 생태계에 꼭 필요한 존재랍니다. 하지만 그 수가 너무 많아지면 바다 생물에게 위협이 되기도 해요.

교과서 심화 개념

대멸종

한 생물의 모든 개체가 죽어서 완전히 사라지는 걸 멸종이라고 해요. 그런데 어떤 이유로 짧은 시간 안에 한꺼번에 많은 생물이 멸종할 때가 있어요. 지금까지 지구에서 5번 일어난 이 사건을 대멸종이라고 불러요. 순서대로 고생대 오르도비스기, 데본기, 페름기와 중생대 트라이아스기, 백악기에 일어났답니다. 특히 고생대 페름기와 중생대 백악기 때의 대멸종이 유명해요. 페름기 말에는 지구 생물의 약 90퍼센트 이상이 멸종했고, 백악기 말에는 공룡이 완전히 사라졌답니다.

환경 파괴는 생물에게도 영향을 미쳐요. 현재 지구에는 수많은 생물종이 살아요. 아직 우리가 발견하거나 이름을 붙여 주지 못한 종까지 포함해 약 870만 종이 있는 것으로 추정되지요. 그런데 생물종이 쥐도 새도 모르게 사라져 가는 대규모 멸종 현상이 전 세계적으로 나타나고 있답니다. 이 때문에 지구상에 총 5번 일어난 **대멸종** 에 이어 지금이 '제6의 대멸종' 시기라는 이야기가 심심찮게 나오고 있어요. 실제로 지난 2017년 멕시코와 미국의 공동연구팀이 척추동물 2만 7,000종을 분석해, 32퍼센트에 해당하는 종의 개체수가 절반 이하로 줄어들었다는 사실을 알아냈어요. 포유류의 절반은 수십 년 사이에 서식지를 80퍼센트나 잃었고요. 연구팀은 이런 동물 감소 현상을 '인류세에서의 생물학적 절멸'이라 표현하며 위기 상황이라고 경고했답니다.

수만 년, 또는 수십만 년 뒤에 우리의 후손이나 외계의 지적 생명체가 지금 우리가 살고 있는 시대의 지층을 조사한다면 어떤 물질을 발견할까요? 우스갯소리로 한반도에서는 닭 뼈가 엄청 발견될 거라고 해요. 하도 치킨을 많이 먹으니 말이죠. 그러나 실제로 이럴 가능성은 거의 없어요. 닭 뼈는 금방 썩어 없어지니까요. 그보다는 대기 중의 방사성 물질이 땅 위에 내려앉아 만든 층이나 콘크리트, 요즘 들어서 문제가 되고 있는 플라스틱이 대규모로 발견될지도 몰라요. 지금과 같은 속도로 멸종이 계속 이어질 경우,

▲ 기후변화를 막기 위한 환경단체 '멸종저항'은 인류세의 위험을 계속 알리고 있다. 사진은 2019년 4월 영국 런던에서 열린 멸종저항 시위에 참석한 어린이의 모습.

갑자기 생물 다양성이 사라진 기록이 화석으로 남을지도 모르지요.

어느 생물이나 살아남아 후손을 많이 남기기 위해서 애써요. 그런데 인간의 경우에는 너무 지나친 욕심을 부리고 있고, 그 욕심을 실현할 수단도 갖고 있지요. 인간의 이런 폭주를 막을 수 있는 종도 현재 지구에서는 인간 자신밖에 없을 거예요. 문제를 일으키긴 했지만, 이것을 깨닫고 객관적으로 바로잡을 수 있는 능력도 우리에게 있지요. 우리가 환경 문제에 관심을 기울이며 열심히 공부하고 연구해야 할 이유 중 하나랍니다.

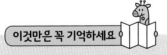

이것만은 꼭 기억하세요

☑ 지구에 지층이 쌓이기 시작한 때부터 인류가 나타나기 전까지를 지질 시대라고 불러요.

☑ 인류세란 인간의 자연 파괴로 지구 환경이 갑작스럽게 변하는 현실을 나타내는 말이에요.

☑ 생물의 한 종류가 완전히 사라지는 멸종이 지구 환경의 변화로 한꺼번에 일어나는 일을 대멸종이라고 해요.

사람들은 여기저기서 환경 오염을 주제로 대화를 나눠요. 전 세계 곳곳에서 환경 오염을 해결하려고 다양한 방법을 찾고 있지요. 솔깃한 해법도 자주 등장해요. 과연 얼마나 효과적일까요? 정말 전기자동차를 타고 비닐봉투를 안 쓰면 지구를 구할 수 있을까요?

'환경 오염'이라는 말은 원래 글자 그대로 '환경이 보기 싫게 더럽혀지다'라는 의미였어요. 과거 사람들은 보기에 아름답고 훌륭한 풍경인 '환경을 해치지' 않으려고 필요 없는 물건을 간단히 강이나 바다에 내다 버렸지요. 이런 행동은 1960년대까지 산업 현장에서 계속 이어졌답니다. 여러 유독 물질과 화학 폐기물까지도 물에 흘러들어 갔지요. 유럽의 거대한 강들 위로 화학 거품이 떠다녔어요. 산업 중심지는 굴뚝과 자동차에서 나오는 검은 연기가 만들어 낸 자극적인 안개로 뒤덮이곤 했지요. 1905년에는 연기를 뜻하는 '스모크(Smoke)'와 안개를 뜻하는 '포그(Fog)'를 합쳐 '스모그(Smog)'라고 하는 신조어가 생기기까지 했답니다.

1956년에는 미나마타병이 전 세계를 뒤흔들었어요. 질소 화학 공장에서 일본 미나마타만에 흘려 보낸 폐수가 바닥에서 먹이를 찾는 미생물 안에 쌓였고, 그 과정에서 수은이 굉장히 위험한 신경독 중 하나인 메틸수은

▲ 1952년 12월에 발생한 스모그 때문에 영국 런던과 인근 지역이 뿌연 연기로 뒤덮였다.
이 사건으로 런던에서만 약 1만 2,000명이 사망했다.

으로 바뀌어 몸속에 쌓였지요. 이 병에 걸린 사람들은 대부분 공장과 가까운 어촌의 주민들이었어요. 그로부터 6개월 동안, 병에 걸렸다고 알려진 40명 중에서 14명이 죽고 말았답니다.

1960년대 중반에 이르러 사람들은 더 이상 이런 식으로 살아선 안 된다고 깨달았어요. 1972년, 스웨덴의 스톡홀름에서 열린 유엔인간환경회의에서 **지속 가능** 하고 균형 잡힌 발전이라는 개념이 처음으로 논의됐지요. 사람들은 화학 오염을 해결하려고 활발하게 움직이기 시작했답니다. 그러나 인류가 화학 오염과의 전쟁에서 승리할지 여전히 확신하기 어려워요. 유엔(UN)에 따르면, 환경 오염 때문에 매년 약 900만 명이 사망한다고 알려져 있어요.

1980년대 후반에 들어 차량이 폭발적으로 늘어나면서 또 다른 문제가 생겼답니다. 이산화탄소가 지구 온난화를 더욱 빠르게 진행시키는 '엔진'이 됐거든요. 이산화탄소를 뿜어내는 **내연 기관** 이 없는 전기자동차가 한 가지 해법으로 등장했지만 이 방법이 얼마나 효과적일까요?

전기자동차는 운행하는 동안 이산화탄소나 일산화탄소, 그을음 그리고 그 밖의 유독가스를 배출하지 않는 것이 가장 큰 장점이에요. 이와 달리 내연 기관이 있는 기존 자동차들은 1킬로미터를 달리면 150그램이 넘는 이산화탄소를 배출하지요.

그런데 전기자동차용 배터리를 만들고 충전하는 과정에서 새로운 '환

지속 가능
지속 가능은 자연을 망가뜨리거나 천연자원을 다 써서 없어지지 않고 오랜 시간 동안 문명과 기술, 인간의 삶을 이어 가는 과정을 말해요. 지구를 보호하는 중요한 방법 중 하나로 꼽힌답니다.

내연 기관
석탄과 가스 같은 화석 연료를 태워 만든 열에너지를 다른 에너지로 바꿔 기계를 움직이는 기관을 말해요. 자동차의 엔진은 대표적인 내연 기관이랍니다.

교과서 핵심 개념

화석 연료

석유, 석탄, 천연가스 등 지금 우리가 쓰고 있는 연료는 대부분 과거에 살았던 동식물의 사체가 쌓여 만들어진 거예요. 이 연료를 화석 연료라고 부르지요. 화석 연료는 땅속에 묻힌 양이 정해져 있고 다시 만들어질 때까지 시간이 매우 오래 걸리는 문제가 있어요. 또 한 번 태울 때마다 엄청난 양의 이산화탄소를 내놓기 때문에 지구 온난화도 일으키지요.

경 오염'이 일어나요. 전 세계의 전기에너지 60퍼센트 이상은 화석 연료 를 태워서 만들어지거든요. 전기자동차가 쓰는 전기가 환경 오염에 이미 꽤 많은 몫을 차지한다는 말이지요. 또 배터리가 무거운 탓에 차를 가볍게 만들어야 하는데, 그러기 위해서는 알루미늄이 필요해요. 문제는 알루미늄을 만드는 과정에도 에너지가 많이 쓰인다는 거지요.

배터리나 모터를 만들 때 들어가는 리튬, 구리, 니켈 등 많은 금속도 생각해 봐야 해요. 이 금속들을 캐내고 가공할 때 에너지가 필요한 데다, 가공하는 과정에서 나온 폐기물은 독성을 띠어요. 결국 전기자동차가 환경 오염에서 지구를 구해 내려면 자연을 해치지 않고 전기와 배터리를 생산하는 방식부터 찾아야 한답니다.

플라스틱 문제는 어떨까요? 2018년에 이미 있던 80억 톤에 더해 플라스틱 3억 8000만 톤이 생산됐어요. 과학자들에 따르면 인류가 지금껏 생산한 플라스틱은 아직까지 거의 대부분 썩지 않았어요. 그래서 비닐봉투 대신 종이와 면처럼 미생물에게 분해되기 쉬운 재료로 만든 장바구니를 쓰는 게 자연스러워 보여요. 유럽연합(EU)은 이미 일회용 플라스틱 용기와 식기를 만들고 파는 행위를 금지하기로 결정했답니다.

그런데 핀란드 환경연구소(SYKE)에서 연구한 결과를 보면 플라스틱 문제도 그리 간단하지는 않은 것 같아요. 다양한 봉지를 생산하는 과정을 전부 조사했더니, 흔히 '에코백'이라 부르는 캔버스백이 폴리에틸렌으로 만든

▲ 사진 속 볼리비아의 우유니 소금사막을 비롯한 남아메리카의 여러 소금사막에서 배터리에 필요한 리튬을 얻는다. 이 과정에서 소금사막이 황폐해지는 문제가 생기고 있다.

비닐봉투보다 250배 이상이나 환경에 영향을 미친다는 결과가 나왔거든요. 예를 들어 페트병 재료인 PET나 비닐봉투 재료인 HDPE 등 폴리에틸렌을 1킬로그램 생산하면 이산화탄소는 무려 6킬로그램이 나와요. 일반적으로 비닐봉투 1장의 무게가 30그램이니까, 비닐봉투를 사용하면 이산화탄소를 180그램 배출하는 셈이지요.

면으로 가방을 만드려면 훨씬 더 복잡한 과정을 거쳐야 해요. 일단 면을 얻으려면 면을 만드는 원료인 목화의 씨를 뿌리고 기르고 수확하고 가공해서 직물로 만들어야 하지요. 목화 1킬로그램을 기르는 데 물 2만 리터가 들고, 이 목화를 다시 가공해 면직물을 만드는 데 이산화탄소 4.7킬로그램이

▲ 플라스틱이 잘게 쪼개져 만들어지는 미세플라스틱은 바다 생태계에 쌓여
   결국 우리 몸속으로 돌아온다.

배출된답니다. 목화는 성장하면서 이산화탄소를 1.65킬로그램 정도 흡수
하지요. 일반적으로 쓰는 에코백을 기준으로 에코백 1개를 만들 때 나오는
이산화탄소는 총 840그램 정도랍니다. 비닐봉투보다 더 많은 양이죠.

　2018년에 덴마크 환경식품부는 쇼핑백 14종을 대상으로 원료부터 생
산, 사용, 폐기까지 전체 수명 주기를 따져 연구를 했어요. 그 결과, 비닐봉
투 1장을 쓰는 대신 종이봉투를 11번 사용해야 환경에 미치는 영향을 줄일
수 있다는 결론이 나왔어요. 게다가 비닐봉투 1장을 대신하려면 천으로 만
든 장바구니는 840번, 유기농 면으로 만든 가방은 무려 2,400번을 써야 한
답니다.

　오염은 복잡한 문제이고, 지금까지 등장한 해결 방법은 많은 부작용을

낳았어요. 전기자동차 사용을 지지하면서 내연 기관이 들어간 자동차를 사용하지 말자고 철저히 반대하는 것보다, 때에 따라 다양한 교통수단을 골라 이용하는 게 나아요. 도시에서는 전기자동차가 더 좋을 수 있어요. 그렇지만 도시를 벗어나면 내연 기관이 있는 기존 자동차가 실용적일 수도 있지요.

원래 있던 물질을 재활용하는 것도 방법이에요. 알루미늄으로 만든 음료수 캔을 쉽게 녹일 수 있다면, 자연 상태의 알루미늄을 품고 있는 광석인 보크사이트를 새로 가공할 때보다 400배나 더 적은 에너지를 들이고도 알루미늄을 만들 수 있답니다.

지구에서 귀중한 자원은 매우 한정되어 있어요. 그러니 몽땅 버리고 다시 시작하자고 주장하기보다는 이미 곁에 있는 것을 책임감 있게 사용하는 방법을 배우는 게 낫답니다.

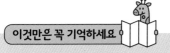

이것만은 꼭 기억하세요

☑ 자연을 파괴하지 않으면서 필요한 만큼만 쓰고 나머지는 미래를 위해 남겨 두는 발전을 지속 가능한 발전이라고 해요.

☑ 오래전 생물이 땅속에 묻혀 만들어진 화석 연료는 지구 온난화를 일으키는 원인이에요.

☑ 전기자동차나 에코백도 환경 오염을 막는 완벽한 대안은 아니에요.

🖊 지구 살리기 대작전

스발바르 국제 종자 저장고에는 씨앗 100만여 종이 저장되어 있어요. 세계 여러 나라의 박물관에는 아주 깊은 바다에 사는 심해 벌레부터 매머드의 골격까지 수천만 종류의 동물 표본이 보관돼 있지요. 살아 있는 생명체를 생태계와 함께 보전하는 자연 보호 구역도 수십만 군데예요. 더 늦기 전에 자연을 되살리려는 과학자들의 노력을 함께 만나 봐요.

모든 생명체는 살아가는 데 가장 알맞은 조건이 저마다 달라요. 하지만 지구의 환경은 불안정해요. 기후는 계속해서 변하는 데다 특히 지난 두 세기 동안 인간의 영향으로 그 속도가 굉장히 빨라졌어요. 그래서 많은 생물이 편안한 보금자리를 잃었답니다. 환경이 너무 축축하거나 더워서, 반대로 너무 건조하거나 추워서 더 이상 살아남을 수 없게 된 거지요.

약 100년 전부터 사람들은 생태계를 복구하고 돌보는 법에 대해 생각하기 시작했어요. 그리고 20세기 중반부터 동식물을 원래 살던 곳으로 되돌려 놓는 대규모 계획이 시작됐지요. 이 방법을 '재도입'이라고 해요.

유럽들소는 제1차 세계대전과 러시아 내전이 진행되는 동안 서서히 멸종해 1930년대부터 야생에서 아예 사라졌어요. 과학자들은 야생동물 특별보호 구역을 만들기 위해 동물원과 사설 동물전시관에서 살아남은 들소를 찾아냈어요. 그리고 위험한 돌연변이를 만들어 낼 수 있는 근연 또는 근친 교배 를 피하기 위해 유전 법칙 에 따라 교배를 시켰지요. 결국 1952년에 첫 들소 떼가 자연으로 돌아갔고 오늘날 폴란드와 벨라루스 경계에 있는 보호 구역에 자리를 잡을 수 있었답니다.

과거의 생물 표본과 최신 DNA 기술을 결합한 예도 있어요. '몽고야생말'이라고도 불리는 야생말 프르제발스키가 대표적이지요. 프르제발스키는 20세기 중반까지 러시아 오렌부르크 지역과 몽골, 지금의 카자흐스탄 영토, 중국 북서부 지역에 살고 있었어요. 사람에게 길들여지지 않고, 사람이 기르는 말과 먹이가 같다는 이유로 사람들은 프르제발스키를 마구잡이로 잡아 죽였지요. 이 때문에 1969년에는 야생에 프르제발스키가 남지 않게 됐어요.

과학자들은 동물원과 사육장에서 프르제발스키와 가장 가까운 종류의 야생말을 약 10여 마리

교과서 심화 개념

근친 교배

같은 부모를 둔 형제자매 사이, 또는 서로의 부모가 매우 가까운 친척끼리 자손을 만드는 경우를 근친 교배라고 해요. 근친 교배를 하면 유전자가 다양하게 섞이지 않기 때문에 태어날 때부터 병을 타고나거나 유전자에 이상이 생기는 경우가 많아요.

교과서 핵심 개념

유전 법칙

부모가 지닌 특성이 자손에게 전달되는 과정을 유전이라고 하지요. 이 유전 현상을 설명하는 법칙이 바로 유전 법칙이에요. 19세기, 오스트리아의 유전학자 그레고어 멘델이 완두콩을 키우면서 처음 정리했기 때문에 멘델의 법칙이라고도 한답니다.

찾아냈어요. 이 야생말들로 프르제발스키 복원을 시작했지요. 덕분에 1990년 프르제발스키의 개체수는 약 500여 마리까지 늘어났어요. 그제야 말을 자연으로 재도입하는 계획을 시작할 수 있었답니다. 하지만 과학자들은 프르제발스키가 살 수 있는 곳이 초원인지 사막인지 정확히 알지 못했어요. 약 150년 사이에 주변 환경이 변했기 때문이에요.

다행히 모스크바 국립 대학교의 생물체계 보관소에서 발견된 상자에서

▲ 동위원소 분석과 재도입을 통해 원래 살던 환경으로 돌아온 야생말 프르제발스키

100여 년 전에 박제된 말의 표본을 찾을 수 있었어요. 과학자들은 꼬리털 몇 개를 골라 탄소와 질소의 **동위원소** 조성을 분석했어요. 초원과 사막에서 생활하는 살아 있는 말의 털에도 같은 검사를 했지요. 먹이에 따라 동물 조직의 동위원소 조성이 달라지는데, 프르제발스키가 먹는 식물 역시 자라난 환경에 따라 탄소와 질소의 동위원소 비율이 다르답니다. 결국 동위원소를 조사하면 150년 전 프르제발스키가 어떤 환경에서 살았는지를 알 수 있는 거지요.

실제로 과학자들은 프르제발스키가 여름에는 초원의 촉촉한 풀을 먹고 겨울에는 사막으로 이동해서 얼마 안 되는 식량으로도 버틴다는 사실을 알아냈어요. 덕분에 프르제발스키를 자연으로 돌려보낼 수 있었답니다.

식물의 보존과 재도입에는 씨앗과 식물 표본을 이용해요. 초목이 드물게 자라는 **영구 동토층** 근처는 생활하거나 휴가를 보낼 만큼 매력적인 장소가 아니에요. 하지만 냉동 저장고를 두기에는 딱 맞는 환경이지요. 2006년 노르웨이의 스피츠베르겐섬에 아주 낮은 온도를 이용해 생물학 재료를 보관하는 시설인 '스발바르 국제 종자 저장고'가 세워지기로 결정됐어요. 그로부터 2년 뒤인 2008년부터 완공된 저장고에 첫 씨앗을 보관하기 시작했답니다.

교과서 심화 개념

동위원소

원자는 핵과 전자로 이뤄져 있어요. 핵은 다시 양성자와 중성자로 나뉘지요. 이때 한 물질의 핵이 어떤 종류인지는 핵을 이루는 입자의 수와 비율에 따라 달라요. 양성자의 수가 같아서 같은 원소지만 중성자의 수는 서로 다른 경우를 동위원소라고 부른답니다.

영구 동토층

북극과 남극 주변은 평균 기온이 매우 낮아요. 겨울뿐만 아니라 여름에도 영하일 때가 많지요. 그래서 이 주변의 땅은 1년 내내 꽁꽁 얼어붙어 있는데, 이런 땅을 영구 동토층이라고 불러요. 늘 얼어붙어 있는 땅이라는 뜻이지요.

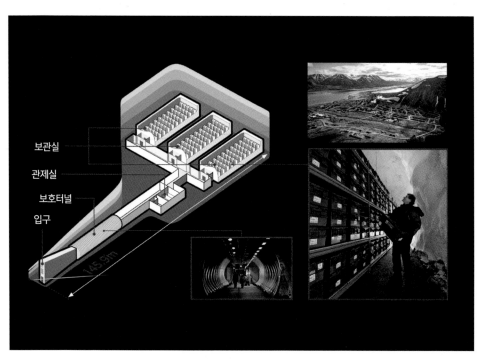

보관실

관제실

보호터널

입구

145.9m

▲ 스발바르 국제 종자 저장고의 구조. 지금은 세 저장고 중 한 군데만 쓰고 있다.

스발바르 국제 종자 저장고는 오직 씨앗을 위한 장소예요. 씨앗이 수백 년에서 수천 년까지 살아남을 수 있도록 영하 18도의 온도와 낮은 습도를 유지하고 공기 중의 먼지와 포자, 박테리아는 최소한으로 관리한답니다. 작은 화력발전소가 전기를 만들고 온도를 유지하는데, 발전소가 꺼진다고 해도 내부 온도는 영하 3도 이상으로 올라가지 않아요.

현재 스발바르에는 약 100만 종의 씨앗이 있지만 냉동 저장고의 4분의 1도 채워지지 않았지요. 씨앗의 이름이나 자라는 지역, 기후를 비롯한 여러 기록은 지워지기 쉬운 디지털 형식이 아니라 오랫동안 고스란히 보존되는 특별한 점토판에 새겨져 보관되고 있어요. 식물이 멸종할 경우 이 체계를 이용해 '되살릴' 수 있기 때문에 아주 믿음직한 예방법이지요.

식물의 표본 역시 어느 시기에 어떤 장소에서 그 식물이 살았다는 사실을 알려 주는 '문서'예요. 커다란 식물 표본실에는 이런 문서가 100만 개 정도 있어요. 파리 국립 자연사박물관에는 약 1000만 가지 식물이 있고 뉴욕 식물원에는 700만 가지가 넘지요. 이런 방대한 자료 덕분에 과학자들은 어떤 식물은 살 곳이 점점 줄어드는 데 비해서 왜 어떤 종은 전 세계로 퍼지는지 추적할 수 있어요. 이처럼 식물 표본이 있으면 식물의 특성이 환경 조건이나 시간에 따라 어떻게 변하는지를 관찰할 수 있어요.

식물 표본과 씨앗 저장고, 동물 표본은 모두 유전 물질의 거대한 보관소인 셈이에요. 하지만 정작 이들의 유전 정보를 담고 있는 DNA는 다루기 힘들어요. 표본을 보관한 뒤 시간이 흐를수록 DNA 분자가 조각조각 부서지거든요. 그런데 과학 기술이 발달하면서 아주 오래된 생물 표본으로도 작업할 수 있는 방법이 생겼고, 어떤 경우에는 조각을 조립해 DNA 분자를 원

▲ 파리 국립 자연사박물관은 프랑스에서 가장 큰 자연과학 전시관이다. 동물원과 식물원을 비롯해 많은
시설이 있다.

래대로 만들 수도 있게 됐어요. 덕분에 과학자들은 매머드의 유전체 를 복구하는 데 성공했답니다.

2000년대 중반, 과학자들은 박물관 두 곳의 전시물에서 매머드의 털 표본을 수집했어요. 과학자들은 매머드의 DNA 조각을 모아 염기 서열을 분석하고 살아 있는 동물 중에서 매머드와 가장 가까운 아프리카코끼리의 DNA와 비교했지요. DNA는 99.41퍼센트 일치하는 것으로 밝혀졌어요. 게다가 매머드와 코끼리의 유전 물질을 비교해서 둘의 공통 조상 이 750만 년 전에 살았다는 사실을 알게 됐답니다. 이처럼 기술은 계속 발전하고 있어요. 머지않은 미래에는 오래전 멸종한 동물을 '부활'시켜 자연으로 되돌릴 수 있을지도 몰라요.

교과서 심화 개념

유전체
어떤 한 생물이 가지고 있는 유전자와 유전 물질을 통틀어 유전체라고 불러요. 영어로는 게놈(Genom)이라 하지요. 신문이나 티브이에 나오는 '게놈을 모두 해독했다'라는 말은 한 생물이 갖고 있는 유전체를 처음부터 끝까지 모두 밝혀냈다는 뜻이랍니다.

교과서 핵심 개념

공통 조상
서로 다른 생물종이 갈라져 나간 공통적인 조상 생물종을 말해요. 예를 들어 여러 조류의 공통 조상은 공룡이랍니다.

이것만은 꼭 기억하세요

☑ 재도입은 동식물을 원래 살던 곳으로 되돌려 보내 생물 다양성이 자연에 유지되는 것을 목표로 해요.

☑ 유전자와 동위원소를 이용하면 생물을 복원하고 생물이 살았던 환경도 알아낼 수 있어요.

☑ 스발바르 국제 종자 저장고는 식물 보존에 필요한 씨앗 100만여 종을 보관하고 있어요.

1%를 만드는
힘센 과학 개념
생물

초판 1쇄   2021년 9월 30일

지은이   욜라
엮은이   김은영

펴낸이   김한청
기획편집 원경은 차언조 양희우 유자영 김병수
마케팅   최지애 설채린
디자인   이성아
경영전략 최원준

펴낸곳   도서출판 다른
출판등록 2004년 9월 2일 제2013-000194호
주소   서울시 마포구 동교로27길 3-12 N빌딩 2층
전화   02-3143-6478   **팩스** 02-3143-6479   **이메일** khc15968@hanmail.net
블로그   blog.naver.com/darun_pub   **페이스북** /darunpublishers

ISBN   979-11-5633-418-7 44000
        979-11-5633-417-0 (세트)

• 잘못 만들어진 책은 구입하신 곳에서 바꾸어 드립니다.
• 이 책은 저작권법에 의해 보호를 받는 저작물이므로, 서면을 통한 출판권자의 허락 없이
  내용의 전부 혹은 일부를 사용할 수 없습니다.